EL REY SALOMÓN

Libro de actividades

El rey Salomón: Libro de actividades

Todos los derechos reservados. Al comprar este Libro de actividades, el comprador puede copiar las hojas de actividades solo para uso personal y en el aula, pero no para reventa comercial. Con la excepción de lo anterior, este Libro de actividades no puede reproducirse total o parcialmente de ninguna manera sin el permiso por escrito del editor.

Bible Pathway Adventures® es una marca registrada de BPA Publishing Ltd.
Defenders of the Faith® es una marca registrada de BPA Publishing Ltd.

ISBN: 978-1-989961-80-3

Autora: Pip Reid
Director Creativo: Curtis Reid
Editora: Aileen Nieto

Para obtener recursos bíblicos gratuitos y Paquetes para Maestros, incluyendo páginas para colorear, hojas de trabajo, exámenes y más, visite nuestro sitio web en:

www.biblepathwayadventures.com

◇ **Introducción** ◇

Disfrute enseñándoles a sus niños sobre la Biblia con nuestro práctico *Libro de actividades: El rey Salomón*. Lleno de detallados planes de lección, páginas para colorear, divertidas hojas de trabajo y acertijos para ayudar a los educadores como usted a enseñar a los niños la fe bíblica. Incluye referencias detalladas de las escrituras para una fácil búsqueda de versículos bíblicos y una práctica guía de respuestas para padres y maestros.

Bible Pathway Adventures ayuda a los educadores y padres a enseñar a los niños la fe bíblica de una manera divertida y creativa. Lo hacemos a través de nuestros libros de actividades y actividades imprimibles, todo disponible en nuestro sitio web www.biblepathwayadventures.com.

Gracias por comprar este libro de actividades y apoyar nuestro ministerio. Cada libro comprado nos ayuda a continuar nuestro trabajo proporcionando paquetes de clases gratis y recursos de discipulado a familias y misiones alrededor del mundo.

¡La búsqueda de la verdad es más divertida que la tradición!

◇◆◇ Tabla de Contenidos ◇◆◇

LECCIÓN 1 | Plan de la lección
Salomón se convierte en rey

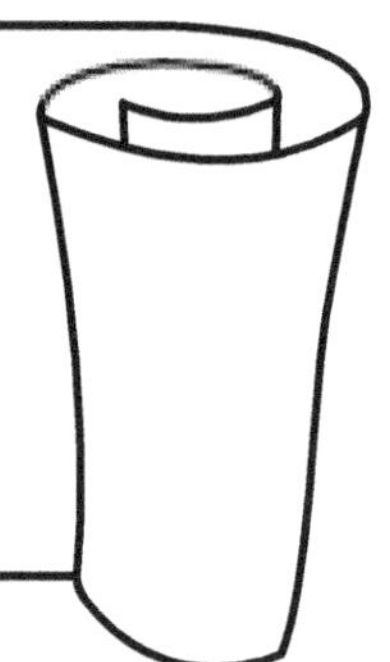

Docente: _______________________________

El pasaje de la Biblia de hoy: 2 Samuel 11, 1 Reyes 1:1-53

Oración de bienvenida:
Rece una simple oración con los niños antes de empezar la lección.

Objetivos de la lección:
En esta lección, los niños aprenderán:
1. Por qué Adonías quería convertirse en rey
2. Cómo Salomón fue ungido rey

¿Lo sabías?
El tercer hijo del rey David, Absalón (de su esposa Maaca), trató de derrocarlo y convertirse en rey (2 Samuel 15).

Resumen de la lección de la Biblia:
El rey David gobernó la tierra de Israel y Judá durante muchos años. Durante este tiempo, se casó con Betsabé y tuvieron un hijo llamado Salomón. David le prometió a Betsabé que un día Salomón gobernaría el reino. Pero Adonías, el apuesto hermano mayor de Salomón, ¡quería ser rey! Cuando Betsabé escuchó que Adonías estaba haciendo planes para convertirse en rey, se apresuró a decírselo a David. David dijo a sus siervos: "Llevad a Salomón al manantial de Gihón y ungidlo con aceite. Él será el próximo rey". Los siervos de David montaron a Salomón en un asno y lo llevaron a Gihón. El sumo sacerdote Sadoc derramó aceite sobre la cabeza de Salomón para ungirlo como rey. Todos tocaron sus shofares y tuvieron una gran celebración. Adonías sabía que estaba en problemas. Sin embargo, Salomón tuvo misericordia de él y lo dejó vivir.

Repasemos:

Preguntas para hacer a sus estudiantes:

1. ¿Quiénes fueron los padres de Salomón?
2. ¿Quién le prometió David a su esposa que sería el próximo rey?
3. ¿Qué instrucciones les dio David a sus siervos?
4. ¿Cómo Salomón fue ungido rey?
5. ¿Por qué crees que Salomón le mostró misericordia a Adonías?

Un versículo de memoria para ayudar a los niños a recordar la Palabra de Dios:

"…a él (Salomón) he escogido para que sea príncipe sobre Israel y sobre Judá" (1 Reyes 1:35).

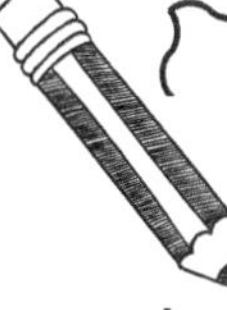

Actividades:

Sopa de letras de la Biblia: Salomón es ungido rey

Cuestionario de la Biblia: Salomón se convierte en rey

Laberinto: Camino al manantial de Gihón

Hoja de trabajo: Sadoc, el sumo sacerdote

¿Cuál es la palabra? Sadoc unge a Salomón

Hoja de trabajo: El árbol de olivo

Pregunta y colorea: Rey de Israel

Página para colorear: Manantial de Gihón

Aprendamos hebreo: Shofar

Hoja de trabajo: Salomón se convierte en rey

Hoja de trabajo: ¿Quién fue Adonías?

Oración final:

Termine la lección con una pequeña oración.

Salomón es ungido REY

Lee 1 Reyes 1:1-53.
Encuentra y encierra en un círculo las siguientes palabras.

D	A	R	P	Y	M	G	F	Z	Y	I	F	S	N	C
U	Z	D	E	F	C	L	F	U	F	R	Q	B	S	U
D	U	K	O	Y	B	F	C	Z	U	O	Y	K	F	E
M	R	S	L	N	D	R	P	X	E	H	R	N	S	R
N	A	T	Á	N	Í	A	B	E	N	S	E	W	A	N
S	J	V	R	O	L	A	V	S	T	S	Y	X	L	O
G	E	E	Y	J	M	L	S	I	E	V	D	V	O	D
A	Y	Q	R	D	B	R	D	A	D	B	E	A	M	E
U	D	Q	S	U	O	N	P	E	E	R	I	O	Ó	A
M	G	C	C	H	S	X	D	J	G	M	S	G	N	C
E	G	U	C	I	O	A	N	Q	I	P	R	L	H	E
I	B	L	C	Q	I	F	L	I	H	Z	A	J	D	I
I	M	U	L	A	T	R	A	É	Ó	R	E	L	P	T
H	S	A	D	O	C	L	T	R	N	V	L	B	N	E
T	N	E	G	Z	N	K	S	G	T	R	O	N	O	Q

REY DAVID

SALOMÓN

REY DE ISRAEL

FUENTE DE GIHÓN

NATÁN

TRONO

ADONÍAS

JERUSALÉN

MULA

SADOC

SHOFAR

CUERNO DE ACEITE

© BPA Publishing Ltd 2023

Salomón se convierte EN REY

Lee 1 Reyes 1:1-53. Responde las siguientes preguntas.

1. ¿Quién fue el hijo de David y Haguit?

2. ¿Qué dos hombres ayudaron a Adonías a tratar de convertirse en rey?

3. ¿Quién fue la madre de Salomón?

4. ¿Quién le dijo a Betsabé que Adonías quería ser rey?

5. ¿A qué tres hombres llamó David?

6. ¿Quiénes llevaron a Salomón a Gihón?

7. ¿En qué animal montó Salomón hasta Gihón?

8. ¿Quién ungió a Salomón?

9. Después de que Salomón fue ungido rey, ¿qué instrumento tocó el pueblo?

10. Para salvar su vida, ¿de qué se aferró Adonías?

© BPA Publishing Ltd 2023

Camino al manantial de Gihón

El rey David les dijo a sus hombres que llevaran a Salomón al manantial de Gihón y lo ungieran como el próximo rey. Ayuda a Salomón a llegar a Gihón.

© BPA Publishing Ltd 2023

Sadoc, el sumo sacerdote

Sadoc fue un líder religioso importante durante la época del rey David y su hijo Salomón en Israel. David mismo nombró a Sadoc, que provenía de la familia sacerdotal de Elí y era levita de la tribu de Leví. Demostró ser una parte integral de la administración del reino davídico y David a menudo buscó su consejo en asuntos de la Torá y los rituales. Sadoc era responsable de asegurarse de que los rituales y sacrificios religiosos se hicieran correctamente y que los sacerdotes siguieran las reglas.

Sadoc era conocido por su gran sabiduría y cualidades de liderazgo, lo que lo convirtió en un miembro respetado de la corte del rey. Desempeñó un papel importante en el establecimiento del templo en Jerusalén y el rey Salomón le confió personalmente la supervisión de su construcción y las ceremonias religiosas. Sadoc también se aseguró de que los sacerdotes que trabajaban en el templo estuvieran organizados y capacitados adecuadamente. Fue muy respetado tanto por los israelitas como por el rey y se le recuerda como un gran líder en la fe de los israelitas.

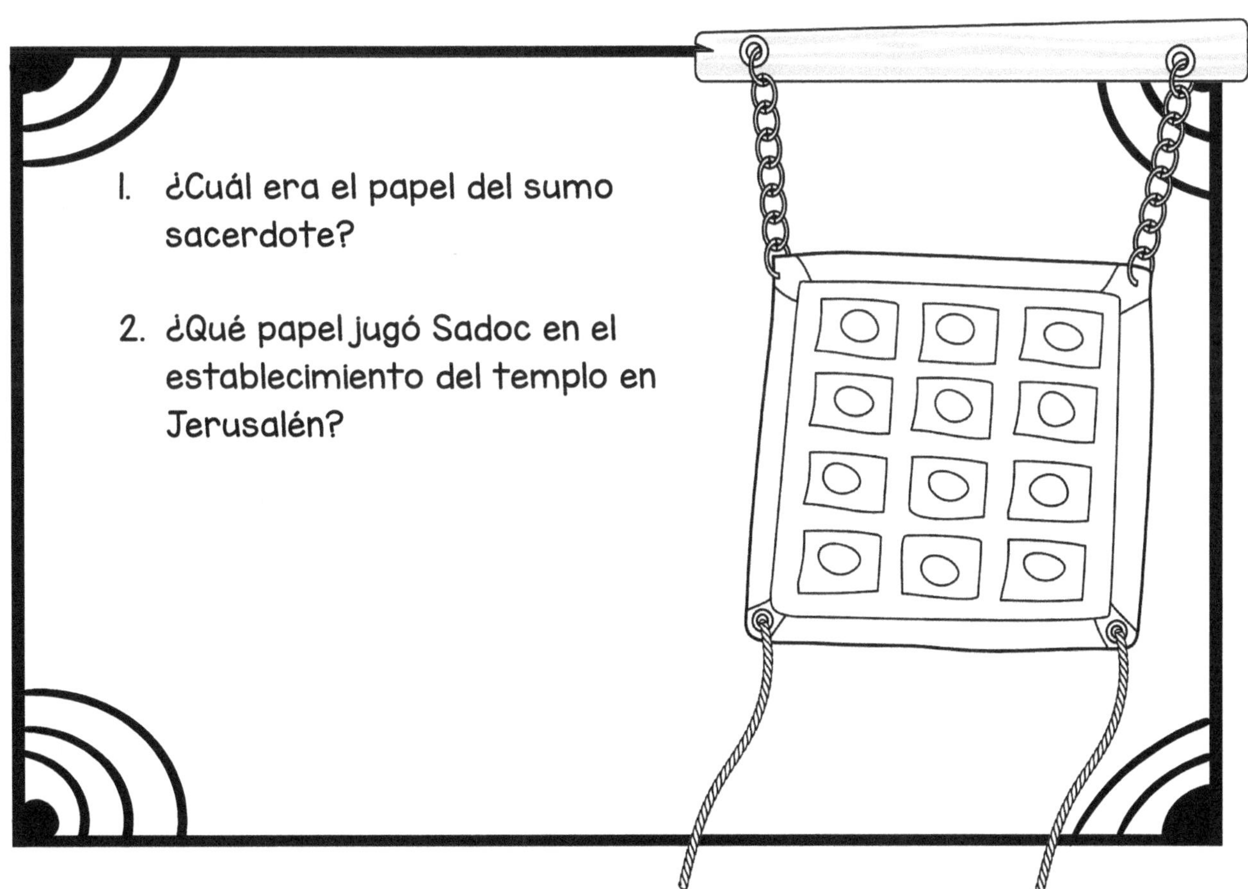

1. ¿Cuál era el papel del sumo sacerdote?

2. ¿Qué papel jugó Sadoc en el establecimiento del templo en Jerusalén?

Sadoc unge a Salomón

Lee 1 Reyes 1:32-39 (RV1960). Usando las siguientes palabras, rellena los espacios en blanco para completar el pasaje de la Biblia.

SADOC	YAHWEH	ACEITE	TRONO
SALOMÓN	REINARÁ	TROMPETA	GIHÓN

"Y el rey David dijo: 'Llamadme al sacerdote ...., al profeta Natán, y a Benaía hijo de Joiada'. Y ellos entraron a la presencia del rey. Y el rey les dijo: 'Tomad con vosotros los siervos de vuestro señor, y montad a .... mi hijo en mi mula, y llevadlo a ....; y allí lo ungirán el sacerdote Sadoc y el profeta Natán como rey sobre Israel, y tocaréis trompeta, diciendo: ¡Viva el rey Salomón! Después iréis vosotros detrás de él, y vendrá y se sentará en mi trono, y él .... por mí; porque a él he escogido para que sea príncipe sobre Israel y sobre Judá'. Entonces Benaía hijo de Joiada respondió al rey y dijo: 'Amén. Así lo diga Yahweh, Dios de mi señor el rey. De la manera que .... ha estado con mi señor el rey, así esté con Salomón, y haga mayor su .... que el trono de mi señor el rey David'. Y descendieron el sacerdote Sadoc, el profeta Natán, Benaía hijo de Joiada, y los cereteos y los peleteos, y montaron a Salomón en la mula del rey David, y lo llevaron a Gihón. Y tomando el sacerdote Sadoc el cuerno del .... del tabernáculo, ungió a Salomón; y tocaron ...., y dijo todo el pueblo: '¡Viva el rey Salomón!'"

El árbol de olivo

Los olivos han existido en la tierra de Israel durante mucho tiempo. Los israelitas los amaban porque les daban sombra, alimento y aceite. El aceite de oliva se usaba de muchas maneras diferentes, como en la preparación de alimentos, las ceremonias religiosas y la medicina. El árbol de olivo también era símbolo de paz y abundancia. Se creía que quien plantara un olivo, tendría paz y prosperidad en su hogar.

En el antiguo Israel, los reyes eran ungidos con aceite de oliva como señal de que Dios los había elegido para gobernar a los israelitas (1 Samuel 16:1). Esto lo hacía un sacerdote que derramaba un cuerno de aceite de oliva puro sobre la cabeza del rey. En Gihón, el sacerdote Sadoc derramó aceite de oliva sobre la cabeza de Salomón para mostrar que él sería el próximo rey. Se creía que el aceite era una señal del espíritu santo que descendía sobre el rey y mostraba que Dios lo había elegido. Esta ceremonia era importante porque demostraba que el nuevo rey tenía la bendición de Dios y la fuerza para liderar la nación.

Responde las siguientes preguntas.

1. ¿Cómo ungían los antiguos israelitas a sus reyes?

2. ¿Por qué se consideraba que el aceite de oliva era un ingrediente importante en las ceremonias de unción?

3. ¿A qué rey famoso ungió Samuel con aceite de oliva?

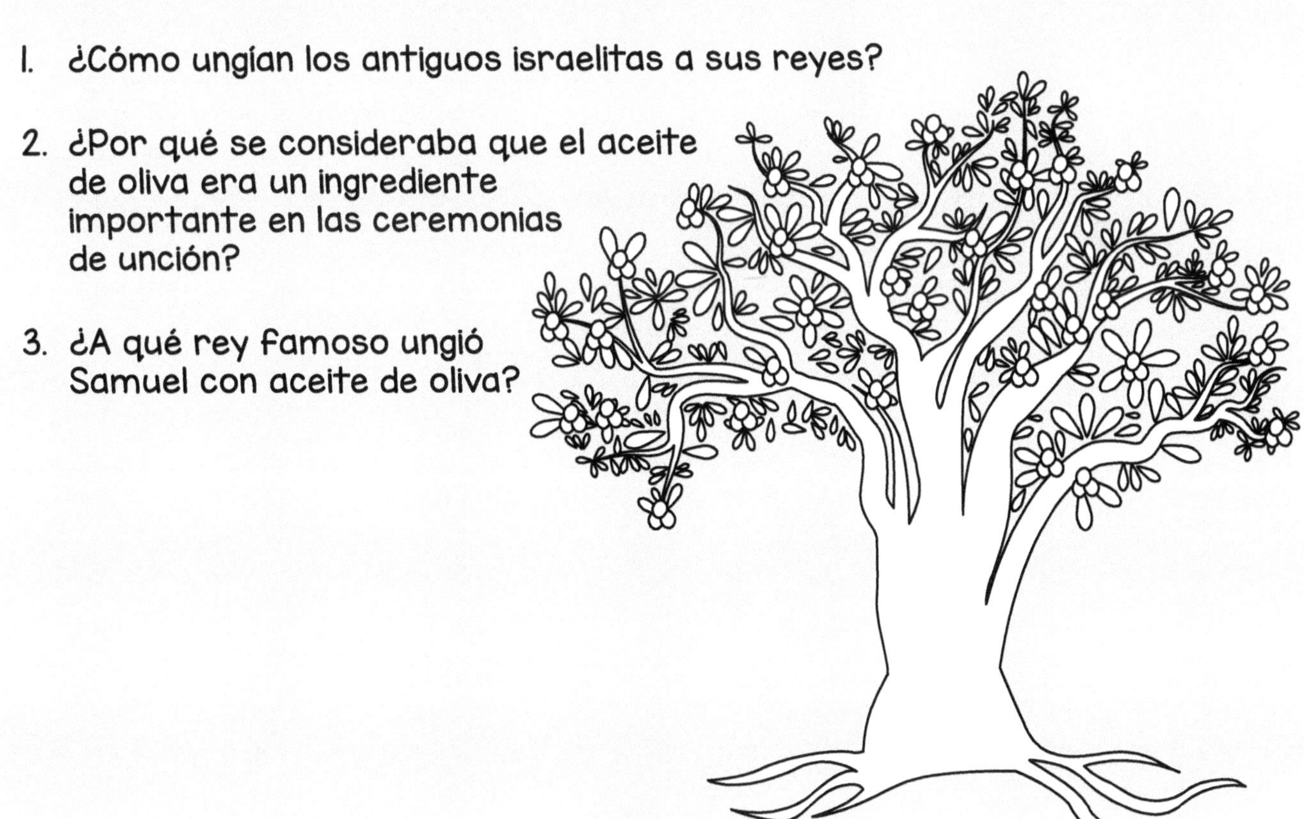

© BPA Publishing Ltd 2023

Rey de Israel

Abre tu Biblia y lee 1 Reyes 1.
Responde las preguntas. Colorea la imagen.

1. ¿Cómo intentó Adonías hacerse rey?

....

....

....

2. ¿Qué les dijo David a Sadoc, Natán
   y Benaía?

....

....

....

3. ¿Quién ungió a Salomón en el
   manantial de Gihón?

....

....

....

El manantial de Gihón

La principal fuente de agua de la ciudad de David original era el manantial de Gihón, ubicado en la base de la ladera oriental de Jerusalén, en el valle de Cedrón. Estaba rodeado por un muro y custodiado por un portero. Su agua se usaba para beber, cocinar y bañarse. También se usó para regar las áreas agrícolas alrededor de Jerusalén.

Dibuja a Sadoc ungiendo a Salomón como el próximo rey de Israel para completar la imagen.

© BPA Publishing Ltd 2023

Shofar

La palabra hebrea para trompeta es shofar. Un shofar está hecho de cuerno de carnero. Después de que Sadoc, el sumo sacerdote, ungió a Salomón como el próximo rey, los israelitas tocaron el shofar para celebrar.

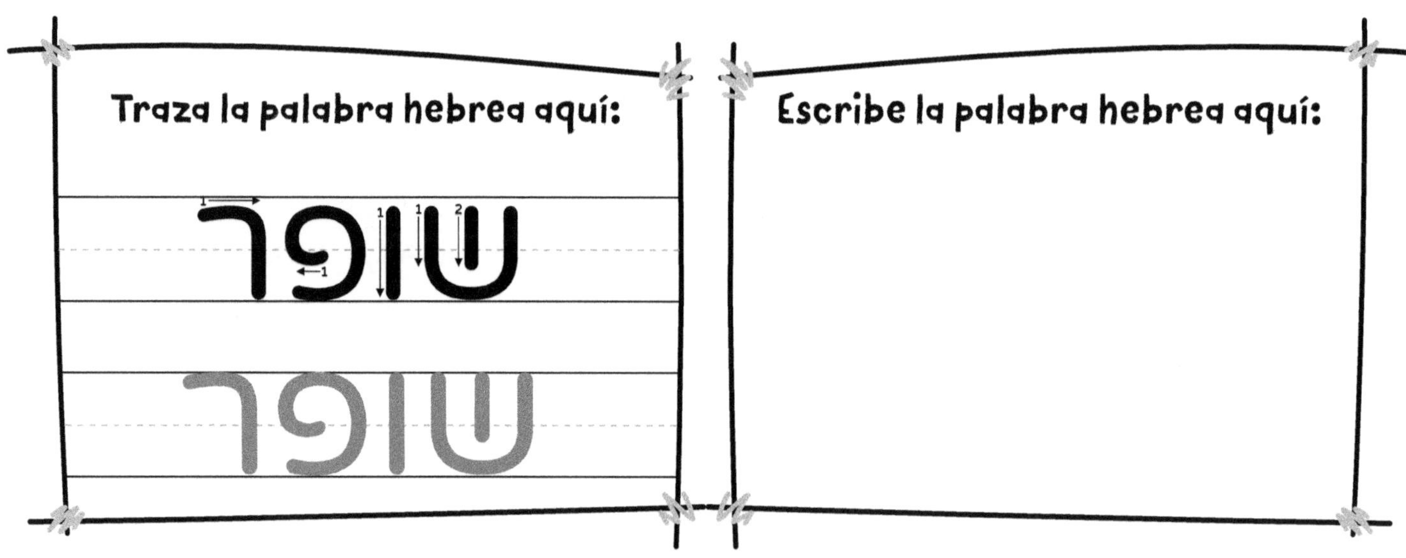

¡Vamos a escribir!

Practica a escribir la palabra "shofar" en las líneas de abajo.

שופר

שופר

Inténtalo por tu cuenta.
Recuerda que el hebreo se lee de DERECHA a IZQUIERDA.

© BPA Publishing Ltd 2023

Salomón se convierte en rey

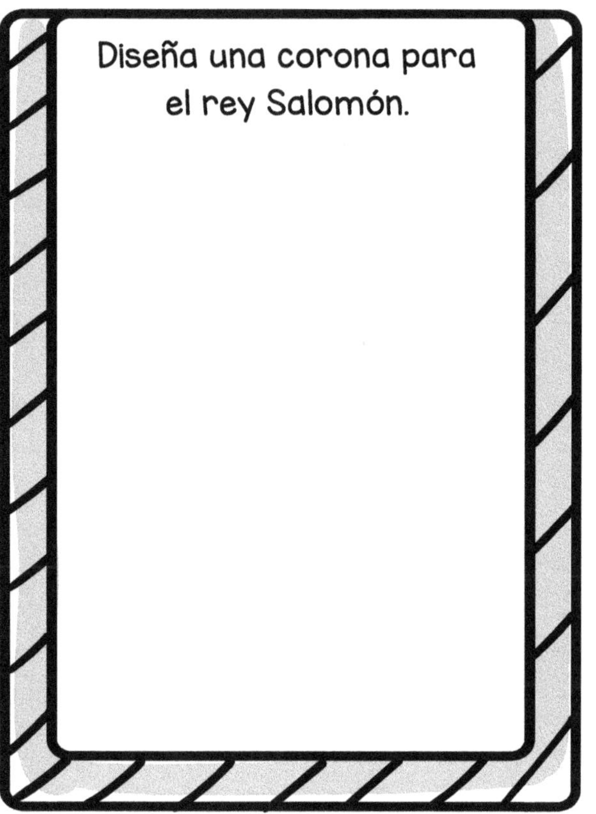

Diseña una corona para el rey Salomón.

Imagina que eres un israelita en Jerusalén. Escribe una entrada de diario sobre el día en que Salomón se convirtió en rey.

Haz un dibujo del manantial de Gihón.

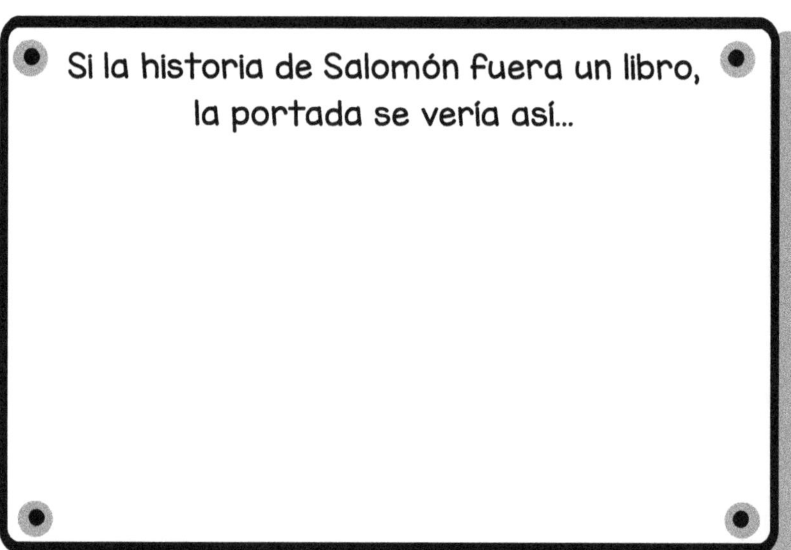

© BPA Publishing Ltd 2023

¿Quién fue Adonías?

Adonías fue el cuarto hijo del rey David y el hermano mayor del rey Salomón. Era un hombre ambicioso que quería ser el próximo rey de Israel. Mucha gente apoyó a Adonías, entre ellos Joab, el comandante del ejército, y Abiatar, el sacerdote. Adonijah incluso celebró una ceremonia de coronación para sí mismo en la Piedra de Zohelet. Sin embargo, el profeta Natán y Betsabé convencieron a David de convertir a Salomón en el próximo rey de Israel. Cuando Adonías escuchó que Salomón había sido ungido rey, supo que estaba en problemas. Huyó al altar del Tabernáculo en la Ciudad de David, buscando refugio. Salomón mostró misericordia a su hermano y no lo mató, pero le quitó el título y su posición. Responde las siguientes preguntas.

1. ¿Quién fue el cuarto hijo del rey David?

2. ¿Quiénes convencieron al rey David de hacer rey a Salomón en lugar de Adonías?

3. ¿Cómo reaccionó Adonías cuando escuchó que Salomón había sido ungido rey?

4. ¿Por qué crees que Salomón fue misericordioso con Adonías?

1. ....

2. ....

3. ....

4. ....

LECCIÓN 2 | Plan de la lección
El sabio rey Salomón

Docente: _______________________________

El pasaje de la Biblia de hoy: 1 Reyes 3:1-28

Oración de bienvenida:
Rece una simple oración con los niños antes de empezar la lección.

Objetivos de la lección:
En esta lección, los niños aprenderán:
1. Cómo el rey Salomón obtuvo una gran sabiduría
2. Cómo el rey Salomón tomó una decisión sabia

¿Lo sabías?
Salomón escribió 3.000 proverbios y 1.000 canciones (1 Reyes 4:32-34).

Resumen de la lección de la Biblia:
Un día, dos madres llegaron al palacio del rey. Trajeron un bebé con ellas. Una mujer dijo: "El hijo de esa mujer murió en la noche. Cambió a su bebé muerto por mi bebé vivo". La otra mujer negó con la cabeza. "¡No!", respondió. "El bebé vivo es mío y el muerto es tuyo". Salomón pensó por un momento. Le pidió a un sirviente que le trajera una espada. "Vamos a dividir al bebé en dos. Dele a cada madre una mitad del bebé", dijo. Pero la verdadera madre no quería que su bebé fuera cortado en dos partes. Ella dijo: "No mates a mi hijo. Dale el bebé a ella". La otra mujer dijo: "No nos des el bebé a ninguna de nosotras. ¡Córtalo en dos!". Salomón sonrió. Sabía que había encontrado a la verdadera madre. "Dale el bebé vivo a la primera mujer", sentenció. "Ella es la verdadera madre". El pueblo de Israel estaba feliz. Vieron que el rey tenía la sabiduría de Dios para tomar las decisiones correctas.

Repasemos:

Preguntas para hacer a sus estudiantes:

1. ¿Por qué oró Salomón? ¿Cómo Dios respondió sus plegarias?
2. ¿Por qué crees que las dos mujeres fueron a ver a Salomón?
3. ¿Cuál era el problema?
4. ¿Por qué Salomón pidió una espada?
5. ¿Qué pensaron los israelitas de la sabiduría de Salomón?

Un versículo de memoria para ayudar a los niños a recordar la Palabra de Dios:

"Y si anduvieres en mis caminos, guardando mis estatutos y mis mandamientos, como anduvo David tu padre, yo alargaré tus días" (1 Reyes 3:14).

Actividades:

Cuestionario de la Biblia: La sabiduría de Salomón
Crucigrama de la Biblia: Salomón pide sabiduría
Página para colorear: La sabiduría de Salomón
Hoja de trabajo para colorear: Sabiduría
Pregunta y colorea: La sabiduría del rey Salomón
Escritura creativa: La sentencia sabia de Salomón
Hoja de trabajo: Empareja el versículo de la Biblia
Actividad del mapa: Doce tribus de Israel
Hojas de trabajo: El alfabeto hebreo
Palabras desordenadas de la Biblia: Salomón
Hoja de trabajo: Empareja los proverbios de la Biblia
Hoja de trabajo: ¿Lo sabías?
Hoja de trabajo: La ciudad de Jerusalén

Oración final:

Termine la lección con una pequeña oración.

La sabiduría de SALOMÓN

Lee 1 Reyes 3:10-28. Responde las siguientes preguntas.

1. ¿Quién le dio sabiduría a Salomón?

2. ¿Quiénes fueron a ver al rey?

3. ¿Dónde vivían las dos mujeres?

4. ¿Qué había pasado durante la noche?

5. ¿Qué hizo una de las mujeres a medianoche?

6. ¿Qué pidió Salomón?

7. ¿Qué instrucciones le dio Salomón al siervo con la espada?

8. ¿Qué dijo la madre del niño vivo?

9. ¿Qué dijo la madre del niño muerto?

10. ¿Qué hicieron los israelitas cuando escucharon la decisión del rey?

© BPA Publishing Ltd 2023

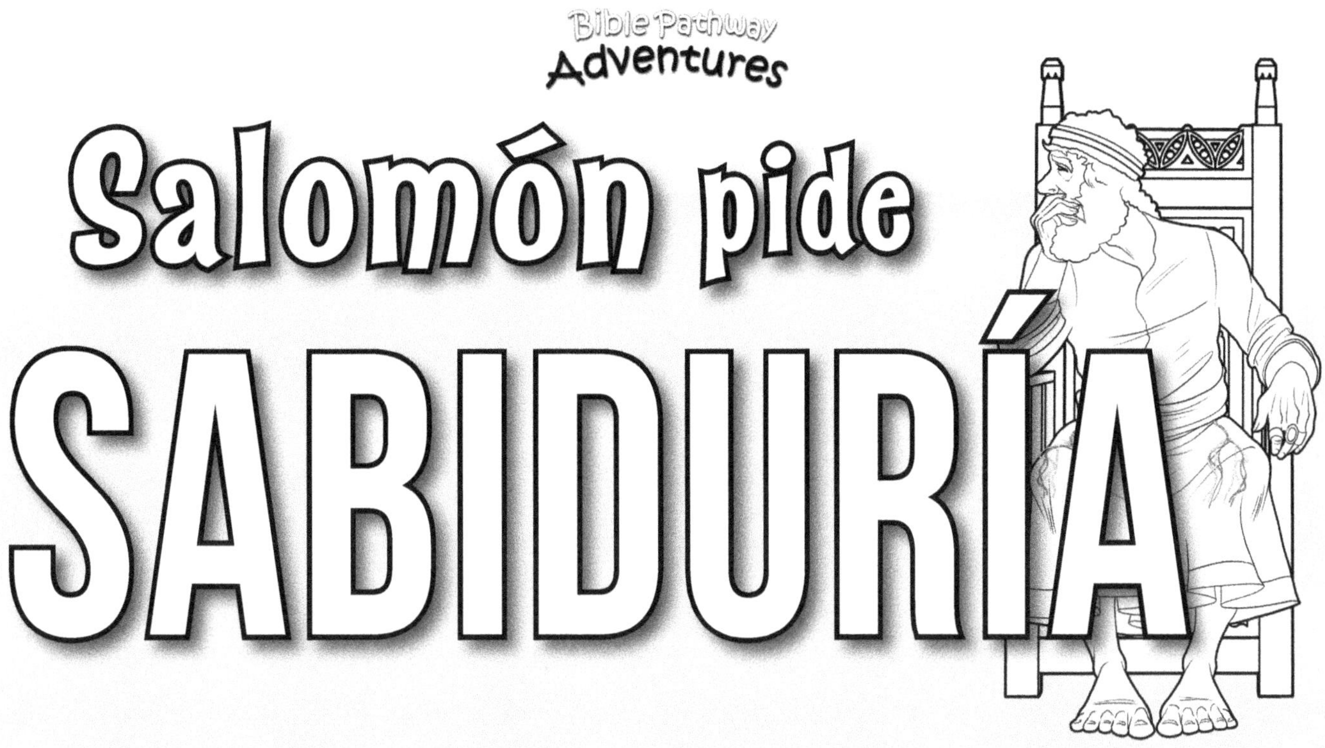

Salomón pide SABIDURÍA

Lee 1 Reyes 3:1-15 (RV1960). Completa el siguiente crucigrama.

HORIZONTAL

3) Salomón se casó con la _____ del faraón.
5) Dios se le apareció a Salomón en un _____.
7) Salomón hizo sacrificios y ofrendas en el _____ ___ _______.
8) Nombre del padre de Salomón.

VERTICAL

1) "…te he dado las cosas que no pediste, riquezas y gloria".
2) "…te he dado corazón _______ y entendido".
4) Salomón quería discernir entre lo _____ y lo malo.
6) El lugar donde Dios se le apareció a Salomón en un sueño.

www.biblepathwayadventures.com
El rey Salomón: Libro de actividades

© BPA Publishing Ltd 2023

"Dad a aquella el hijo vivo, y no lo matéis; ella es su madre."

(I Reyes 3:27)

© BPA Publishing Ltd 2023

Sabiduría

Lee Proverbios 4:6-7 y escribe el proverbio a continuación.

Escribe sobre el momento en que Salomón usó la sabiduría para tomar una decisión.

Dibuja tu escena favorita de esta historia.

¿Cuál es el significado de Proverbios 4:6-7?

Proverbios 4:6-7 me enseña…

© BPA Publishing Ltd 2023

La sabiduría del rey Salomón

Abre tu Biblia y lee 1 Reyes 3.
Responde las preguntas. Colorea la imagen.

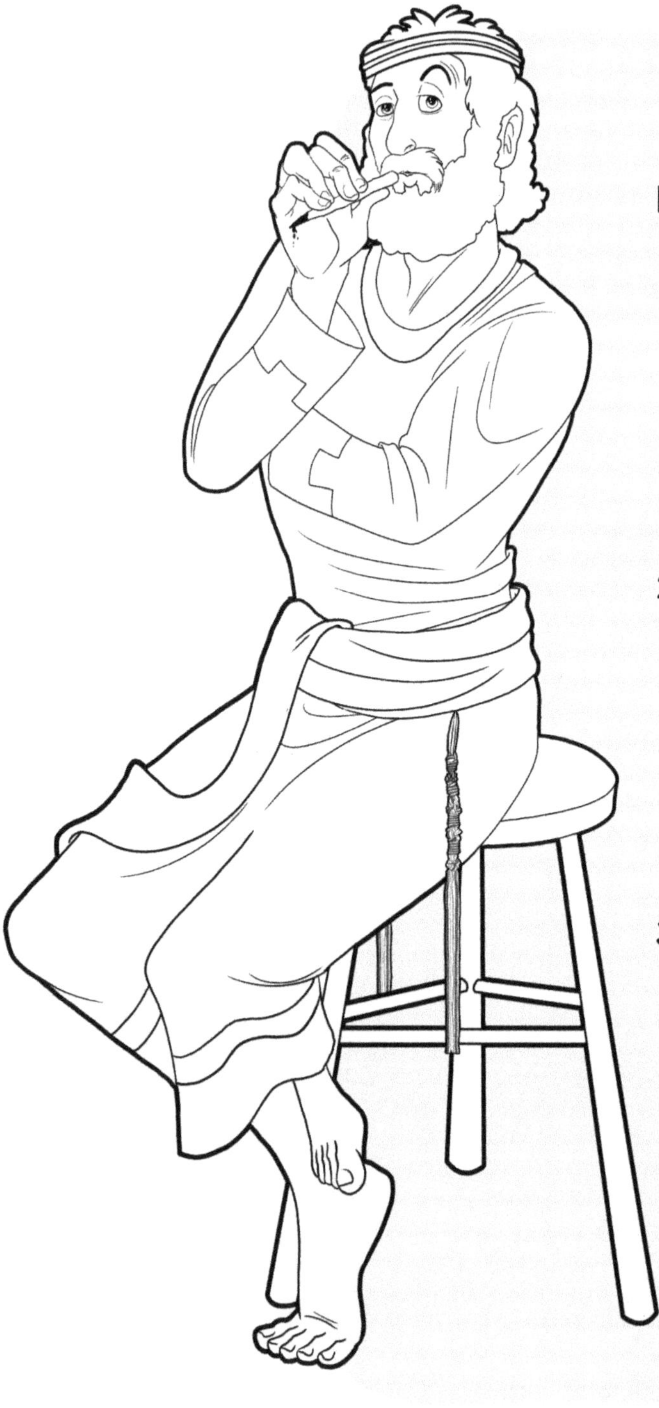

1. ¿Qué problema tenían las dos mujeres?

....

....

....

2. ¿Cuál fue la decisión de Salomón?

....

....

....

3. ¿Cuál fue la sentencia final de Salomón?

....

....

....

La sentencia sabia de Salomón

Lee 1 reyes 3:1-28. Con tus propias palabras, escribe sobre la sentencia sabia de Salomón.

....

....

....

....

....

....

....

....

....

....

....

1. ¿Qué sugirió Salomón que hicieran las dos mujeres para resolver su disputa?

2. ¿Qué hizo la mujer que en verdad era la madre del bebé vivo cuando Salomón sugirió cortar al niño por la mitad?

3. ¿Cómo supo Salomón cuál de las dos mujeres era la verdadera madre del bebé vivo?

Doce tribus de Israel

Lee Josué 13:8-17:18. Después de capturar la tierra de Canaán, Josué y los israelitas dividieron la tierra entre las doce tribus de Israel. El rey Salomón gobernó las tribus durante 40 años. Usando un atlas histórico, escribe el nombre de cada tribu al lado del número correspondiente.

1. ....

2. ....

3. ....

4. ....

5. ....

6. ....

7. ....

8. ....

9. ....

10. ....

11. ....

12. ....

Simeón	Dan	Neftalí
Judá	Aser	Manasés
Rubén	Isacar	Efraín
Gad	Zabulón	Benjamín

© BPA Publishing Ltd 2023

Aprendamos hebreo

El hebreo es una antigua lengua semítica.

La evidencia sugiere que los israelitas que capturaron la tierra de Canaán hablaban hebreo. ¡Aprendamos el alfabeto hebreo!

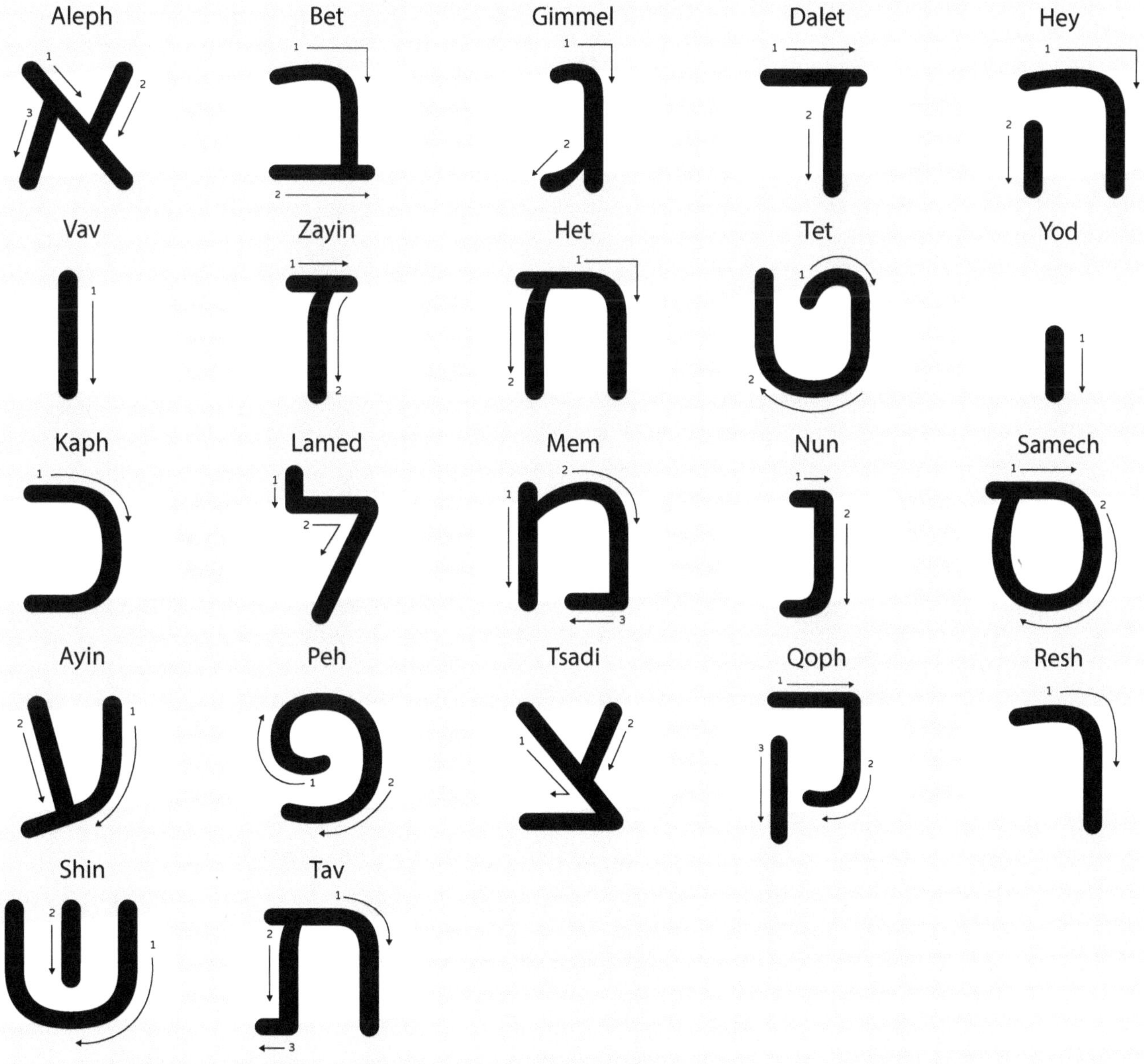

Aleph	Bet	Gimmel	Dalet	Hey
Vav	Zayin	Het	Tet	Yod
Kaph	Lamed	Mem	Nun	Samech
Ayin	Peh	Tsadi	Qoph	Resh
Shin	Tav			

© BPA Publishing Ltd 2023

¡Vamos a escribir!

Practica a escribir esas letras hebreas en las líneas de abajo.
Recuerda que el hebreo se lee de DERECHA a IZQUIERDA.

¡Vamos a escribir!

Practica a escribir esas letras hebreas en las líneas de abajo.
Recuerda que el hebreo se lee de DERECHA a IZQUIERDA.

yRe	....	daapes	....
ñoin	....	ovsier	....
dinoacheem	....	jiuico	....
ellasr	....	asbiudría	....

✳ Lee sobre la sabiduría de Salomón en 1 Reyes 3:16-28 (RV1960)

Empareja los proverbios de la Biblia

Salomón fue el hombre más sabio que jamás haya existido. Mientras era rey, escribió 3.000 dichos sabios conocidos como proverbios. ¡Eso es un montón de proverbios! Empareja cada proverbio a continuación con el versículo bíblico correcto.

 **1** "Instruye al niño en su camino, y aun cuando fuere viejo no se apartará de él".

....

 **2** "El principio de la sabiduría es el temor de Jehová; los insensatos desprecian la sabiduría y la enseñanza".

....

 **3** "Mujer virtuosa, ¿quién la hallará? Porque su estima sobrepasa largamente a la de las piedras preciosas".

....

 **4** "Sobre toda cosa guardada, guarda tu corazón; porque de él mana la vida".

....

 **5** "El temor de Dios es el principio de la sabiduría, y el conocimiento del Santísimo es la inteligencia".

....

 **6** "Encomienda a Dios tus obras, y tus pensamientos serán afirmados".

....

Proverbios 16:3 **Proverbios 1:7**

Proverbios 22:6 **Proverbios 31:10**

Proverbios 9:10 **Proverbios 4:23**

¿Lo sabías?

David fue el segundo rey de Israel y reinó aproximadamente entre el 1000 y el 961 a.C. Era conocido como un rey justo y un gran guerrero. Unió a las doce tribus de Israel y estableció a Jerusalén como la capital de la nación. Salomón fue el hijo de David y el tercer rey de Israel. Reinó desde cerca de 961–922 a.C. Construyó el primer templo en Jerusalén e instituyó leyes que ayudaron a traer paz y estabilidad al reino. La sabiduría de Salomón era conocida en todo el mundo y se le consideraba uno de los reyes más importantes de Israel.

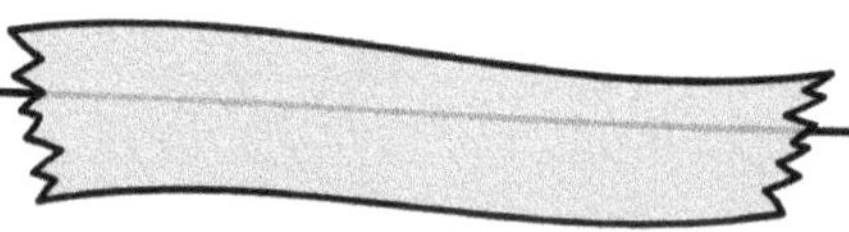

Lee 1 Crónicas 3. El rey David reinó 33 años en Jerusalén.
Dibuja el árbol genealógico de David de su tiempo en Jerusalén.

© BPA Publishing Ltd 2023

La ciudad de Jerusalén

Durante la época del rey Salomón, Jerusalén era una ciudad activa, llena de comercio, cultura y fe. Era un lugar lleno de hermosos templos, palacios y jardines. Jerusalén fue también un importante centro de cultura y aprendizaje. El rey era erudito y mecenas de las artes, y su palacio estaba repleto de libros y obras de arte. También fue un constructor ambicioso: construyó muros y fortificaciones alrededor de la ciudad, un gran palacio y el primer complejo de templos.

Jerusalén estaba ubicada en la encrucijada de una importante ruta comercial que conectaba las rutas de las especies y la seda de Oriente con el oro y el marfil del continente africano, lo que le otorgaba una ventaja económica especial. Los mercaderes y comerciantes ayudaron a hacer de la ciudad un bullicioso centro económico y el comercio internacional fue un factor importante en el éxito y crecimiento de Jerusalén. Durante el reinado del rey Salomón, Jerusalén era un lugar de gran importancia.

1. ¿Qué construyó Salomón para representar su fe?

2. ¿Cuál fue la principal ruta comercial que atravesaba Jerusalén durante la época de Salomón?

3. ¿De dónde crees que vinieron los mercaderes y comerciantes?

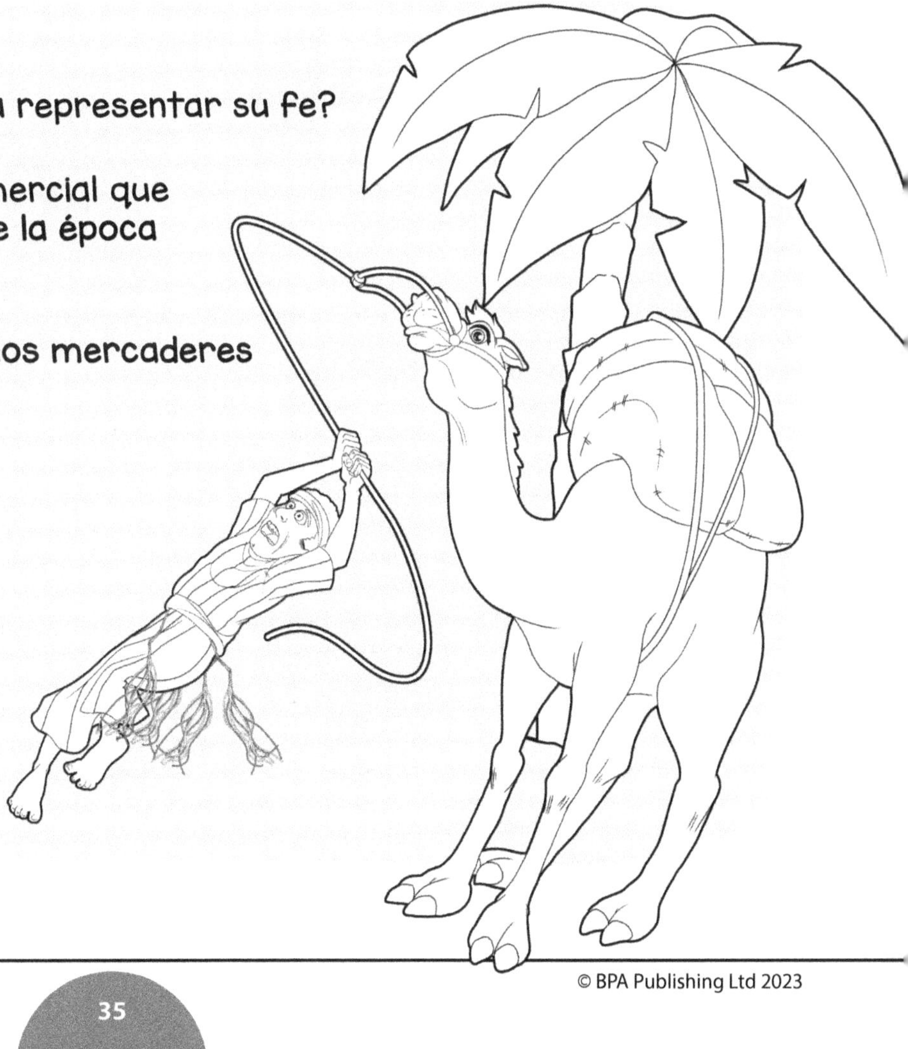

© BPA Publishing Ltd 2023

LECCIÓN 3

Plan de la lección
Salomón construye un templo

Docente: _______________________

El pasaje de la Biblia de hoy: 1 Reyes 5:1-18, 6:1-8:66

Oración de bienvenida:
Rece una simple oración con los niños antes de empezar la lección.

Objetivos de la lección:
En esta lección, los niños aprenderán:
1. Cómo el rey Salomón construyó el templo
2. Cómo Salomón le dedicó el templo a Dios

¿Lo sabías?
El Lugar Santísimo medía 90 pies de largo y 30 pies de ancho.

Resumen de la lección de la Biblia:
Dios le dijo a Salomón que construyera un templo en Jerusalén. ¡Fue un trabajo grande! Salomón necesitó 80.000 hombres para cortar piedras y 70.000 hombres para transportarlas. Reyes de lugares lejanos enviaron muchos regalos. Durante siete años, los hombres de Salomón trabajaron para construir el templo. Salomón construyó una habitación llamada el Lugar Santísimo para el arca de la alianza, una caja de oro que contenía las dos tablas de piedra en las que Dios había escrito Sus mandamientos. Cuando el trabajo estuvo terminado, Salomón esperó hasta la Fiesta de los Tabernáculos (Sukkot) para dedicar el templo a Dios. Todos los hombres de Israel vinieron a honrar esta fiesta. Los sacerdotes sacaron el arca de su tienda y la colocaron dentro del Lugar Santísimo. Después de que Salomón hubo hecho los sacrificios, descendió fuego del cielo y los quemó todos.

Repasemos:

Preguntas para hacer a sus estudiantes:

1. ¿Qué enviaron los reyes de otros países a Salomón?
2. ¿Qué se guardó dentro del Lugar Santísimo?
3. ¿Cuánto tiempo le tomó a Salomón construir el templo?
4. ¿Durante qué fiesta Salomón le dedicó el templo a Dios?
5. ¿Qué pasó cuando Salomón hizo los sacrificios para Dios?

 ## Un versículo de memoria para ayudar a los niños a recordar la Palabra de Dios:

"Yo, por tanto, he determinado ahora edificar casa al nombre del Señor mi Dios" (1 Reyes 5:5).

 ## Actividades:

Cuestionario de la Biblia: Salomón construye un templo

Sopa de letras de la Biblia: El constructor del templo

Página para colorear: Salomón construye el templo

Hoja de trabajo: Cedros del Líbano

Hojas de trabajo: Salomón construye un templo

Acertijo de la Biblia: ¡Descifra el código!

Hoja de trabajo: Templo en Jerusalén

Hoja de trabajo: Construyendo el templo de Salomón

Actividad de la Biblia: Las Noticias de Jerusalén

Aprendamos hebreo: Sukkot

Página para colorear: Decora tu propia sukkah

Hoja de trabajo: ¿Cuál es la palabra?

 ## Oración final:

Termine la lección con una pequeña oración.

Salomón construye UN TEMPLO

**Lee 1 Reyes 5:1-6:38 y 2 Crónicas 3:1-7:5.
Responde las siguientes preguntas.**

1. ¿Qué le dio el rey Hiram a Salomón para construir el templo?

2. ¿A cuántos hombres reclutó Salomón para construir el templo?

3. ¿Dónde construyó Salomón el templo?

4. ¿Qué nombre le puso Salomón a las dos columnas fuera del templo?

5. ¿Qué tan grande era el templo?

6. ¿Con qué material revistió Salomón las paredes del templo?

7. ¿Con qué metal revistió Salomón el piso?

8. ¿Cuánto tiempo le tomó a Salomón construir el templo?

9. ¿Dónde colocaron los sacerdotes el arca de la alianza?

10. ¿Cuántas cabezas de ganado y ovejas ofreció Salomón como sacrificio?

© BPA Publishing Ltd 2023

El constructor DEL TEMPLO

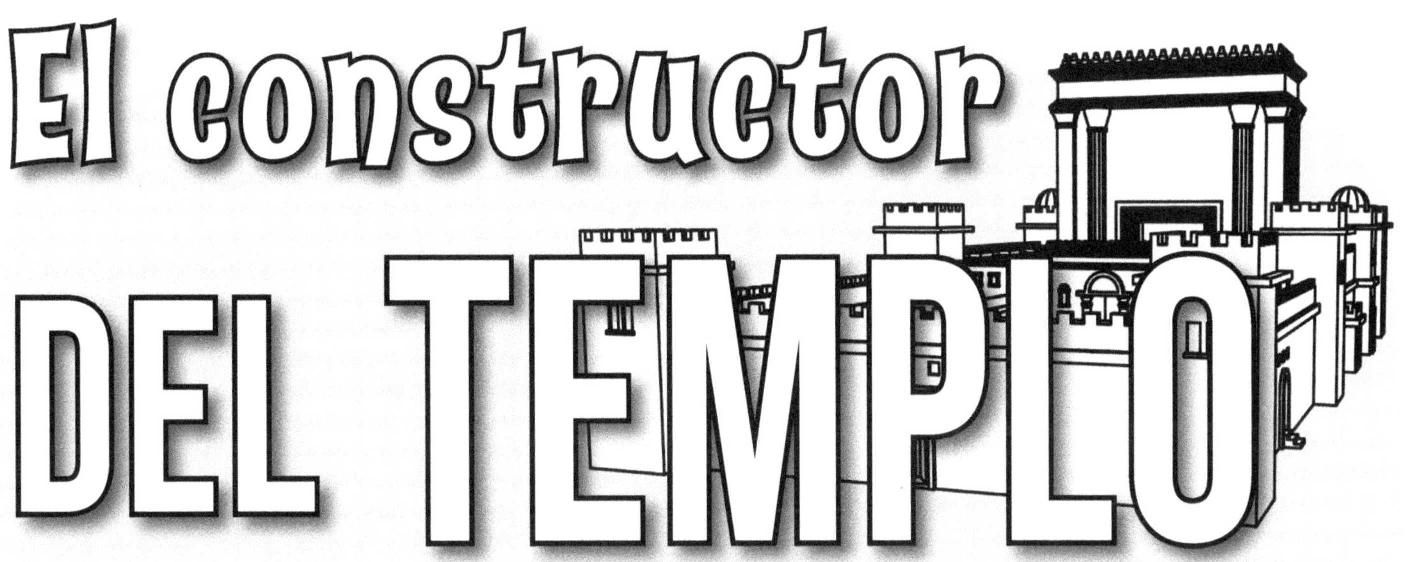

Lee 1 Reyes 5:1-6:38 y 2 Crónicas 3:1-7:5.
Encuentra y encierra en un círculo las siguientes palabras.

```
C A P V O E N C Y X K X Q N C
J A L X I M C R E N J Q T T Q
C Y S E A L T A R C E V S Q U
T O L A F L M J A E R V A Z E
J K L Y D J J V Q D U A L X R
C P P U T E I W F R S U O Z U
X O U J M F I M C O A U M S B
U D D E V N W S N O L M Ó C Í
Q S I O H J A X R U É R N X N
U H L Y S G D S J A N I M I Q
A C P X Q H Q N Y X E Z R B C
S A C E R D O T E S J L S T U
L U G A R S A N T Í S I M O Z
W C Y E V S M Q O R O Q A Q S
X Q E M O O P X T E M P L O G
```

COLUMNAS

CASA DE ISRAEL

QUERUBÍN

ORO

ALTAR

TEMPLO

CODOS

JERUSALÉN

SACERDOTES

CEDRO

SALOMÓN

LUGAR SANTÍSIMO

© BPA Publishing Ltd 2023

"Salomón tu hijo, él edificará mi casa y mis atrios; porque a este he escogido por hijo, y yo le seré a él por padre."

(I Crónicas 28:6)

© BPA Publishing Ltd 2023

Cedros del Líbano

El rey Salomón fue conocido por su gran sabiduría y por sus grandes proyectos de construcción. Uno de los edificios más famosos que construyó fue el templo de Jerusalén. Para construir el templo, el rey usó cedro de los bosques del Líbano. Los cedros del Líbano eran una especie de árbol de hoja perenne nativo de las regiones montañosas del Líbano y Siria. Eran famosos por su belleza, tamaño y durabilidad, y eran muy apreciados por su uso en la construcción.

Salomón envió hombres para encontrar los mejores cedros del Líbano, talarlos y transportarlos a Jerusalén (1 Reyes 5). No fue una tarea fácil, ya que los cedros eran grandes y pesados. Algunos árboles tenían una circunferencia de tronco de más de 40 pies y una altura de más de 150 pies. Tomó muchos meses lograrlo, pero finalmente los cedros llegaron al sitio del templo, donde hábiles artesanos usaron la madera para construir los pisos, puertas, paredes interiores, muebles y elementos decorativos. Los cedros del Líbano eran tan valiosos que Salomón alabó a Dios por su favor al hacer que los cedros estuvieran disponibles para el templo. En 1998, los cedros del Líbano fueron declarados Patrimonio de la Humanidad por la ONU para protegerlos para las generaciones futuras.

1. ¿Dónde encontró Salomón la madera para construir el templo?

2. En el templo, ¿cuál era la madera que se usaba para construir?

3. ¿Cómo se protegen hoy los cedros del Líbano?

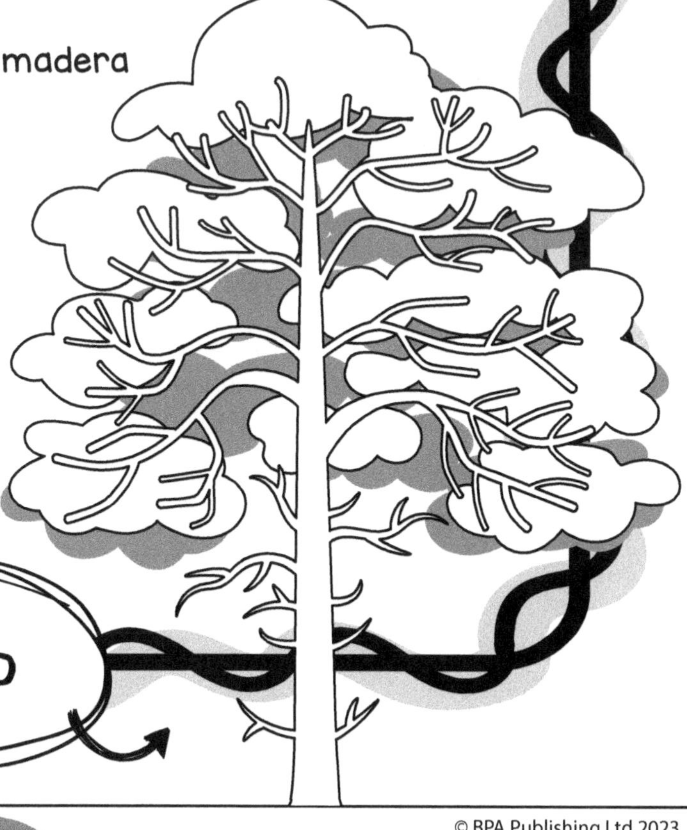

© BPA Publishing Ltd 2023

Salomón construye un templo

Este artículo explica cómo Salomón construyó un templo en Jerusalén. Mientras lo lees, piensa en el esfuerzo que costó construir un edificio tan magnífico. Luego, responde las preguntas en la página siguiente.

Rey Salomón

El principal proyecto del rey Salomón mientras era rey fue construir un templo en Jerusalén. La construcción del templo fue un proyecto tan grande que tardó siete años en terminarse. El padre de Salomón, David, ya había almacenado una gran cantidad de oro, plata, hierro, madera y piedra para el trabajo. Sin embargo, Dios no permitió que David construyera el templo durante su vida. "Has sido un hombre de guerra", le dijo Dios. "Quiero un hombre de paz".

Tan pronto como el rey Hiram de Tiro (una ciudad estado de Fenicia) escuchó que David había muerto, envió embajadores a Salomón para asegurarse de que siguiera siendo amigo del nuevo rey. Salomón también quería una relación cercana con los fenicios. Entonces, los reyes juntaron sus recursos para construir el templo. Hiram proporcionó tantos troncos de cedro como necesitaba Salomón. A cambio, Salomón envió trigo y aceite de oliva puro para ayudar al rey a alimentar a sus hombres.

Debido a que la construcción del templo era un trabajo tan grande, Salomón organizó un reclutamiento en tiempo de paz para encontrar suficientes hombres. Hasta 30.000 israelitas (divididos en tres turnos mensuales) fueron enviados a trabajar en Fenicia para cortar la madera necesaria para construir el templo. Se construyeron enormes balsas para transportar los troncos a Israel a través del mar Mediterráneo. Mientras tanto, los artesanos fenicios trabajaron codo a codo con los israelitas en el sitio del templo en Jerusalén. Si bien el templo era el proyecto principal, se construyeron muchos otros edificios para apoyar las actividades del templo, incluidos los edificios de la tesorería, los graneros, los corrales para el ganado para los sacrificios y las viviendas para los sacerdotes. Después de que se terminó el templo, los israelitas y los fenicios trabajaron durante otros trece años para construir el palacio de Salomón (1 Reyes 7:1, 2 Crónicas 8:1).

© BPA Publishing Ltd 2023

Salomón construye un templo

Objetivo de la misión: Entender cómo Salomón construyó el templo.

Lee cada pregunta y escribe tu respuesta en las líneas de abajo.

Lee I Reyes 5: ¿Qué arreglo acordaron el rey Hiram y el rey Salomón?

Lee I Reyes 5: ¿Cómo entregó el rey Hiram la madera a Salomón en la tierra de Israel?

Lee I Crónicas 29: ¿Qué tipo de riqueza había acumulado el rey David para construir el templo?

¿Por qué crees que le tomó al rey Salomón siete años construir el templo?

© BPA Publishing Ltd 2023

¡Descifra el código!

¿Qué le dio el rey Hiram a Salomón para construir el templo? El siguiente versículo de la Biblia está escrito en código. ¡Usa la tabla en la parte inferior de la página para completar las letras que faltan y descifrar el código! *Pista: 1 Reyes 5:10 (RV1960)*

```
  I    , P        , I                        Ó
 24 26 22   21 6 16 4   17 26 25 11 2 11 4 11 12 22 2   10


                 C
 2 11 24 16 25 11   24 16 8 16 24 25 22 15 2 11 24 16 25 11 24 16


 C I P É  ,                       I
 8 26 21 25   4   7 22 24 11 12 11 9 6 16 9 6 26 4 22
```

A	B	C (8)	D	E	F	G	H	I (26)	J	K	L	M
N	O	P (21)	Q	R	S	T	U	V	W	X	Y	Z

© BPA Publishing Ltd 2023

Templo en Jerusalén

El templo de Salomón en Jerusalén era una estructura grandiosa y opulenta, construida para albergar el arca de la alianza y la presencia de Dios. Se necesitaron siete años para construirlo y el trabajo comenzó en 957 a.C. El templo era un gran edificio rectangular construido con piedra caliza blanca y con dos entradas principales, la puerta este y la puerta oeste. En el interior, el templo estaba dividido en tres partes principales: el patio, el lugar santo y el Lugar Santísimo. El patio era la primera parte del templo que encontraban los visitantes. Era un espacio abierto rodeado por un muro y contenía el altar para el sacrificio. Este era una gran plataforma de piedra que se usaba para quemar sacrificios y ofrendas. Estaba ubicado en el centro del patio, con cuatro pilares alrededor.

La segunda parte del templo era el lugar santo. Esta era una cámara grande que contenía la mesa de los panes, el candelabro de oro (menorá) y el altar del incienso. Esta cámara estaba separada del patio por un gran velo o cortina. La parte más sagrada del templo era el Lugar Santísimo. Esta era una pequeña cámara que contenía el arca de la alianza y era el lugar más sagrado del templo. Esta cámara estaba separada del lugar santo por un velo y solo era accesible para el sumo sacerdote. Lee 1 Reyes 6. Contesta las preguntas.

1. ¿Cuál era el propósito del templo?

2. ¿Cuáles eran las tres partes del templo?

3. ¿Qué había en el patio?

4. ¿A quién se le permitía entrar al Lugar Santísimo?

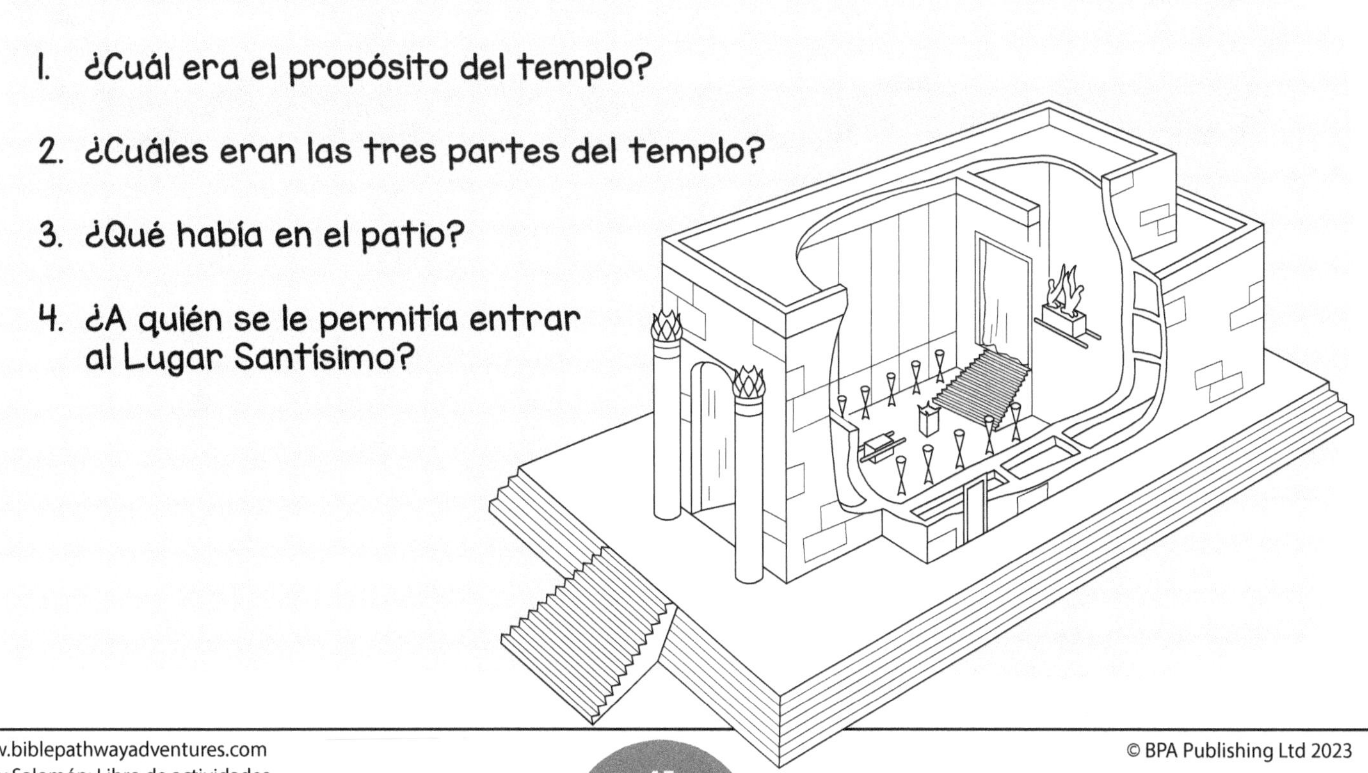

© BPA Publishing Ltd 2023

Construyendo el templo de Salomón

Lee 2 Crónicas 2-7 y 1 Reyes 5-6. Responde las siguientes preguntas.

¿Cuánto tiempo tomó construir el templo de Salomón?

¿Qué materiales se usaron en la construcción del templo de Salomón?

¿Durante qué fiesta se dedicó el templo a Dios?

¿Cuántos trabajadores se utilizaron para extraer la piedra del templo de Salomón?

¿Qué tipo de herramientas se usaron en la construcción del templo de Salomón?

¿Qué rey ayudó a proporcionar materiales de construcción para el templo?

¿Cómo estaba decorado el templo de Salomón?

¿Dónde se colocó el arca de la alianza dentro del templo?

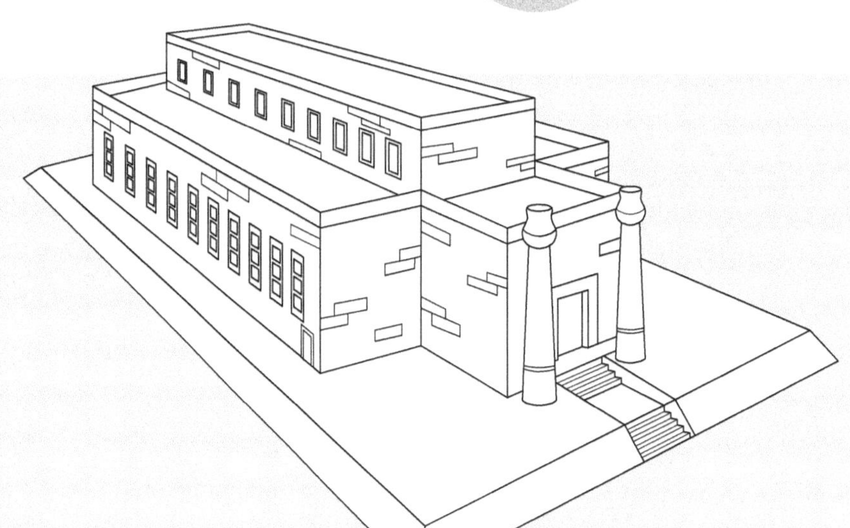

Las Noticias de Jerusalén

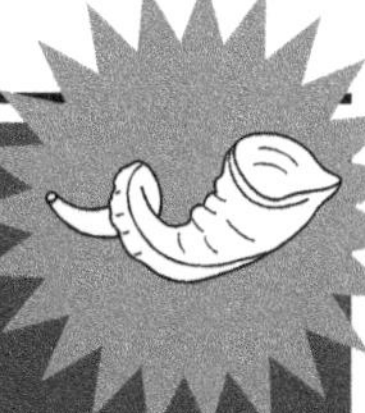

SIGLO X A.C.   ETHANIM   UNA PUBLICACIÓN DE NOTICIAS DE LA REALEZA

¡Fuego del cielo!

....

....

....

....

....

....

Escasez de ganado en la ciudad

¡Salomón dedica el templo!

....

....

....

Sukkot

Salomón dedicó el templo durante la Fiesta de los Tabernáculos (1 Reyes 8:2).
En hebreo, la Fiesta de los Tabernáculos se conoce como Sukkot, Sukkoth o Succoth.
Es uno de los Tiempos Designados de Dios (fiestas) y comienza el 15 de Tishrei,
generalmente a finales de septiembre hasta mediados de octubre.

sukkot

סֻכּוֹת

Fiesta de los
Tabernáculos

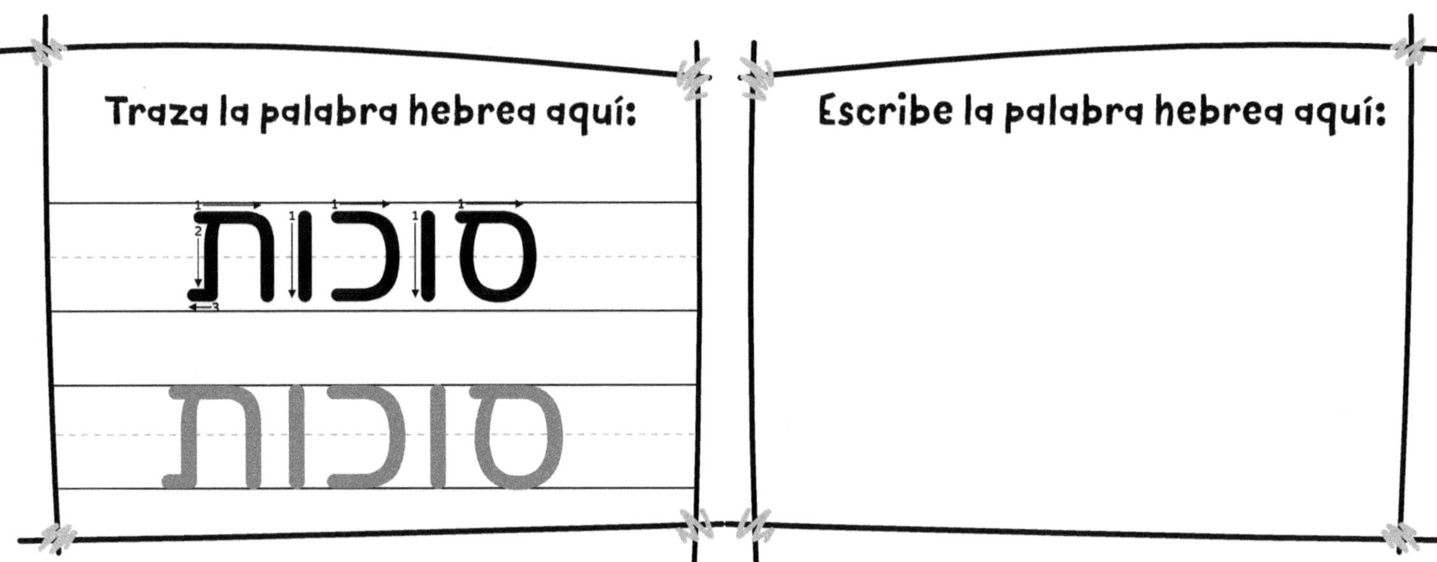

© BPA Publishing Ltd 2023

¡Vamos a escribir!

 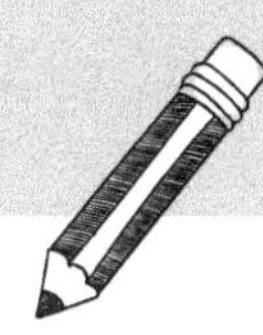

Practica a escribir "Sukkot" en las líneas de abajo.

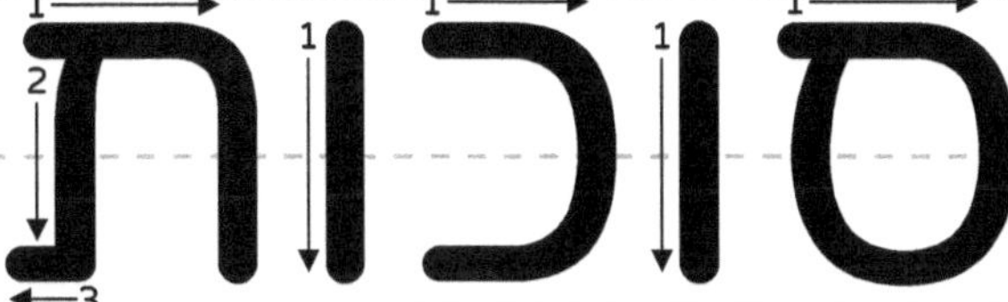

Inténtalo por tu cuenta.
Recuerda que el hebreo se lee de DERECHA a IZQUIERDA.

© BPA Publishing Ltd 2023

Decora tu propia sukkah

Durante la Fiesta de los Tabernáculos (Sukkot), los israelitas vivían en chozas temporales llamadas sukkahs (o sucás). Cuando Salomón dedicó el templo durante esta fiesta, israelitas de todas partes llegaron a Jerusalén y acamparon fuera de los muros de la ciudad durante siete días. Fue un maravilloso momento de celebración. Decoremos tu propia sukkah. Las decoraciones comunes incluyen flores de colores, frutas, verduras, ramas de palma, luces, obras de arte, banderines y faroles.
¡Usa tu imaginación y colorea la página!

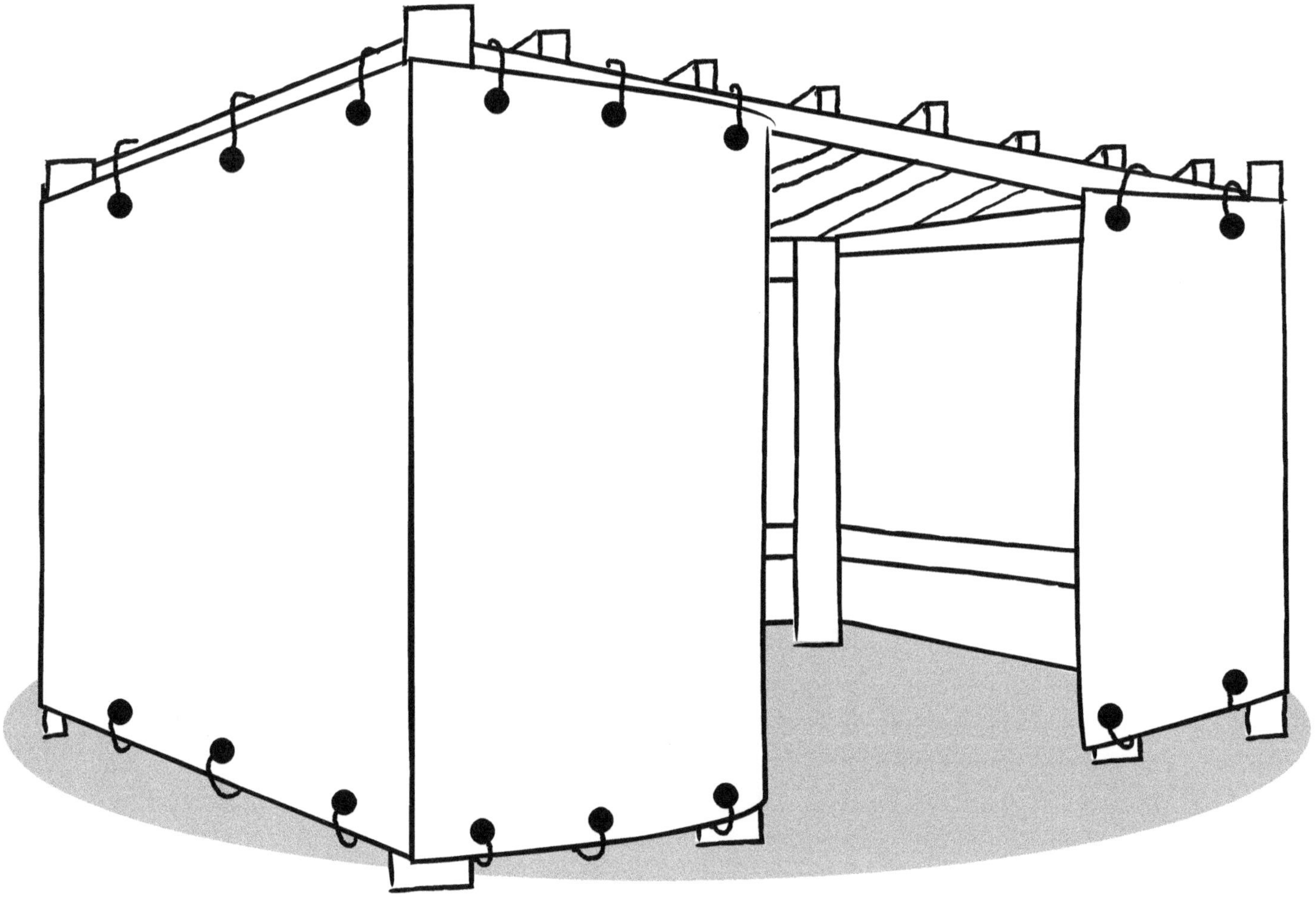

© BPA Publishing Ltd 2023

Dedicatoria del templo

Lee 2 Crónicas 7:4-10 (RV1960). Usando las siguientes palabras, rellena los espacios en blanco para completar el pasaje de la Biblia.

SALOMÓN	ALABABA	ISRAEL	DEDICARON
BENEFICIOS	LEVITAS	SOLEMNE	SIETE
BRONCE	FIESTA	TROMPETAS	HOLOCAUSTOS

" Entonces el rey y todo el pueblo sacrificaron víctimas delante de Dios. Y ofreció el rey .... en sacrificio veintidós mil bueyes, y ciento veinte mil ovejas; y así .... la casa de Dios el rey y todo el pueblo. Y los sacerdotes desempeñaban su ministerio; también los ...., con los instrumentos de música de Dios, los cuales había hecho el rey David para alabar a Dios porque su misericordia es para siempre, cuando David .... por medio de ellos. Asimismo los sacerdotes tocaban .... delante de ellos, y todo .... estaba en pie. También Salomón consagró la parte central del atrio que estaba delante de la casa de Dios, por cuanto había ofrecido allí los ...., y la grosura de las ofrendas de paz; porque en el altar de .... que Salomón había hecho no podían caber los holocaustos, las ofrendas y las grosuras. Entonces hizo Salomón fiesta .... días, y con él todo Israel, una gran congregación, desde la entrada de Hamat hasta el arroyo de Egipto. Al octavo día hicieron .... asamblea, porque habían hecho la dedicación del altar en siete días, y habían celebrado la .... solemne por siete días. Y a los veintitrés días del mes séptimo envió al pueblo a sus hogares, alegres y gozosos de corazón por los .... que Dios había hecho a David y a Salomón, y a su pueblo Israel. "

© BPA Publishing Ltd 2023

Plan de la lección
Salomón, el explorador

Docente: _______________________________

El pasaje de la Biblia de hoy: 1 Reyes 4:29-34, 9:26-28 y 2 Crónicas 9:21

Oración de bienvenida:
Rece una simple oración con los niños antes de empezar la lección.

Objetivos de la lección:
En esta lección, los niños aprenderán:
1. Cómo los fenicios ayudaron al rey Salomón a construir una flota de barcos
2. Los tipos de regalos que los marineros trajeron de vuelta para Salomón

¿Lo sabías?
La Piedra de Las Lunas encontrada en Nuevo México contiene una inscripción de los diez mandamientos en escritura hebrea antigua y fechada en el año 1.000 a.C.

Resumen de la lección de la Biblia:

Dios cumplió Su promesa de hacer de Salomón el rey más grande del mundo. Su reino se hizo más y más grande. Pronto gobernó sobre todas las naciones desde el río Éufrates en el norte hasta Egipto en el sur. Los israelitas comieron, bebieron y fueron felices. Pero Salomón quería ser rey de los mares. Con la ayuda del rey de Tiro, construyó una flota de barcos cerca del mar Rojo. Pronto sus hombres navegaban por todo el mundo con los fenicios. Navegaron al norte y al sur, al este y al oeste, explorando nuevos lugares y haciendo nuevos amigos. Cada tres años, los barcos volvían a casa con regalos para el rey: oro y plata, marfil y monos, e incluso pavos reales.

Repasemos:

Preguntas para hacer a sus estudiantes:

1. ¿Qué tan grande era el reino de Salomón?
2. ¿Quién ayudó a Salomón a construir muchos barcos?
3. ¿Dónde se construyeron los barcos?
4. ¿Quiénes navegaron en los barcos por todo el mundo?
5. ¿Qué cosas trajeron de vuelta los marineros?

Un versículo de memoria para ayudar a los niños a recordar la Palabra de Dios:

"Y excedió el rey Salomón a todos los reyes de la tierra en riqueza y en sabiduría" (2 Crónicas 9:22).

Actividades:

Cuestionario de la Biblia: Los barcos del rey

Hoja de trabajo: ¿Quién fue el rey Hiram?

Hoja de trabajo: ¿Dónde está Ezión-geber?

Página para colorear: ¿A dónde navegaron los barcos del rey?

Hoja de trabajo: ¿Quiénes fueron los fenicios?

Pregunta y colorea: Los barcos del rey

Actividad del pasaporte: ¡Crea tu propio pasaporte!

Mapa del mundo: ¿Dónde estaba Ofir?

Actividad del diario del marinero: Mi diario de viaje

Hoja de trabajo: La flota del rey Salomón

Actividad de la Biblia: Los hombres del rey Salomón

Hoja de trabajo: Los comerciantes del mundo

Oración final:

Termine la lección con una pequeña oración.

Los barcos
DEL REY

**Lee 1 Reyes 9:10-28 y 2 Crónicas 9:13-28.
Responde las siguientes preguntas.**

1. ¿Quién era el rey de Tiro?

2. ¿Dónde construyó Salomón una flota de barcos?

3. Además de ayudar a Salomón a construir una flota de barcos,
¿qué más le envió el rey Hiram?

4. ¿Con qué frecuencia regresaban los marineros a la tierra de Israel?

5. ¿Qué artículos trajeron los marineros con ellos?

6. ¿Cuánto oro trajeron los marineros de sus viajes?

7. ¿De qué metal estaban hechos los vasos para beber de Salomón?

8. ¿Quién le dio a Salomón su sabiduría?

¿Quién fue el rey Hiram?

El rey Hiram gobernó la ciudad fenicia de Tiro, en la costa del actual Líbano. Tiro era un centro comercial y era conocido por su riqueza y poder. Era una importante ciudad portuaria, conectada con otras naciones a través de su flota de barcos. Esto permitió a los comerciantes locales importar y exportar una variedad de productos. Hiram apareció por primera vez en la Biblia durante el reinado del rey David, cuando envió madereros, canteros y carpinteros a Jerusalén para ayudar a construir el palacio de David (1 Crónicas 14:1). Después de la muerte de David, formó una estrecha relación con el rey Salomón y lo ayudó a construir el primer templo. Envió madera de cedro y abeto a Jerusalén, junto con muchos artesanos hábiles. A cambio, Salomón le prometió a Hiram comida, aceite y madera. Hiram también suministró a Salomón una flota de barcos, lo que ayudó a Salomón a convertirse en un jugador importante en el mercado del comercio internacional de la época. La amistad entre el rey Hiram y el rey Salomón benefició a ambas naciones. Le permitió a Tiro obtener acceso a los mercados extranjeros, mientras que Salomón pudo construir el templo y expandir su reino.

1. ¿Cómo ayudó el rey Hiram al rey Salomón a construir el primer templo en Jerusalén?

2. ¿Cuál fue el acuerdo entre el rey Salomón y el rey Hiram?

3. ¿Cómo benefició a ambas naciones la sociedad entre el rey Hiram y el rey Salomón?

© BPA Publishing Ltd 2023

¿Dónde está Ezión-geber?

El rey Salomón construyó una flota de barcos en Ezión-geber, un puerto marítimo ubicado en la orilla oriental del mar Rojo, al final del territorio edomita. El puerto marítimo era un centro para conectar el Medio Oriente con el resto del mundo. Las mercancías de África, India y el Lejano Oriente fluían a través de Ezión-geber y su ubicación estratégica le permitió convertirse en el principal puerto de la región. Ezión-geber también fue un bastión militar; sus fortificaciones se construyeron para proteger la ciudad de los ataques terrestres, mientras que su gran flota de barcos patrullaba el mar Rojo.

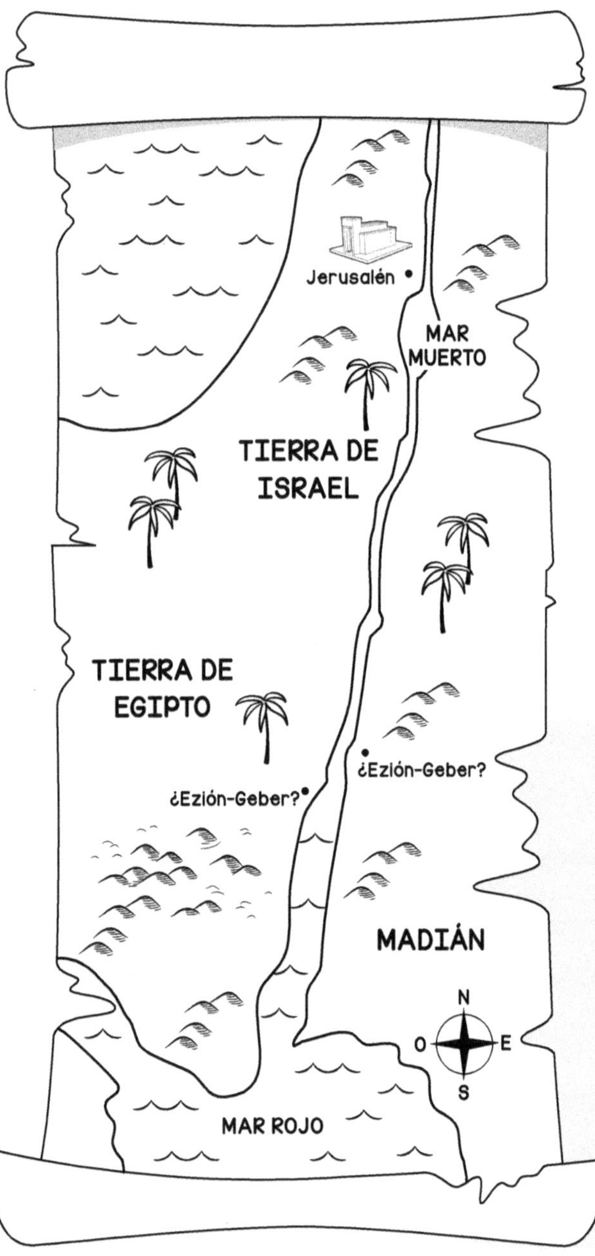

Durante mucho tiempo, se pensó que Tel el-Kheleifeh (o Elat) era el sitio del antiguo Ezión-geber. Pero los materiales arqueológicos encontrados en Tel el-Kheleifeh fueron fechados después del reinado de Salomón. El puerto de Jezirat Faraun también se sugirió como un posible sitio. Sin embargo, su ubicación en la costa occidental del mar Rojo (tradicionalmente el lado egipcio) y la falta de evidencia física significaron que los eruditos no pudieron probar que era el sitio antiguo. Hoy en día, algunos expertos creen que el antiguo Ezión-geber se encuentra debajo del moderno puerto de Áqaba, en Jordania. Debido al alto costo de cerrar o mover el puerto con fines de excavación arqueológica, es posible que nunca se encuentre dónde estaba realmente Ezión-geber.

¿Dónde crees que se encuentra Ezión-geber?

....

¿Qué crees que necesitan encontrar los arqueólogos para probar la existencia de Ezión-geber?

....

"Porque el rey tenía en el mar una flota de naves de Tarsis, con la flota de Hiram."

(1 Reyes 10:22)

© BPA Publishing Ltd 2023

¿Quiénes fueron los fenicios?

Fenicia fue una civilización semítica ubicada en la costa de los modernos Líbano y Siria. Entre 1500 a.C. y 300 a.C., los fenicios fueron los navegantes y comerciantes más avanzados del mundo. Se asentaron en ciudades como Tiro y Sidón y navegaron por el Mediterráneo, el Atlántico, el mar Rojo y el océano Índico para comerciar con otras naciones y culturas. El historiador Josefo escribió que sus barcos pesaban hasta 6.500 toneladas y podían transportar hasta 600 pasajeros con carga.

Algunos historiadores creen que los fenicios descubrieron América del Norte muchos años antes que Cristóbal Colón. Señalan el descubrimiento de la escritura paleohebrea (incluidos los diez mandamientos), antiguas minas de cobre, antiguos santuarios religiosos y evidencia de la cultura hebrea entre los indios norteamericanos como prueba de la influencia temprana de los fenicios. Por ejemplo, en la isla de Monhegan, a diez millas de la costa de Maine, una inscripción escrita en celta ogam dice "Plataformas de carga para barcos de Fenicia". A partir de estas y otras inscripciones, así como de datos históricos sobre la capacidad de navegación de los fenicios, estos historiadores concluyen que hubo una ruta comercial muy desarrollada entre América y el Mediterráneo años antes del nacimiento de Cristo.

1. ¿Qué tan grande eran los barcos de los fenicios?
2. ¿Por qué algunos historiadores creen que los fenicios descubrieron América del Norte?

Colorea el fenicio

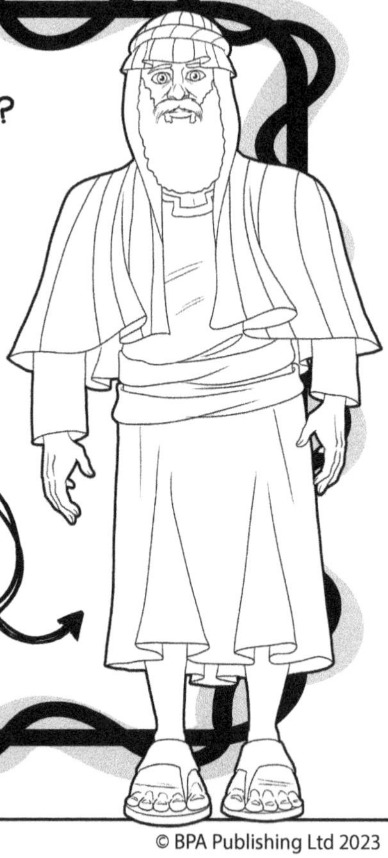

© BPA Publishing Ltd 2023

Los barcos del rey

Abre tu Biblia y lee 1 Reyes 9.
Responde las preguntas. Colorea la imagen.

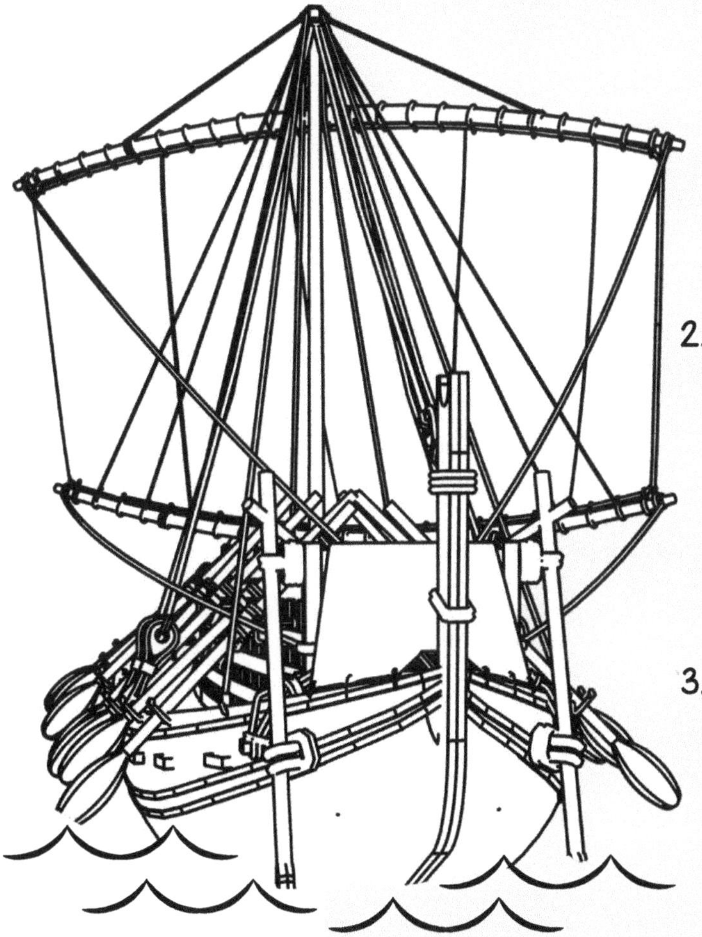

1. ¿Dónde construyó Salomón una flota de barcos?

....

....

....

2. ¿Qué envió Hiram con la flota?

....

....

....

3. ¿Cuánto oro trajeron los marineros?

....

....

....

© BPA Publishing Ltd 2023

¡Crea tu propio pasaporte!

Los marineros del rey viajaron por todo el mundo para comerciar con otras naciones. Hoy, cuando viajas a otros países, necesitas un pasaporte. ¿A dónde has viajado? Completa la página del pasaporte a continuación.

Nombre:

Dirección:

Fecha de nacimiento:

Lugar de nacimiento:

He viajado a:

© BPA Publishing Ltd 2023

Mi diario de viaje

Los marineros de Salomón estuvieron en el mar durante tres años.
Eso es mucho tiempo fuera de casa. Imagina que eres un marinero en uno de los barcos de Salomón. Mantén un registro de tu viaje. ¡Usa tu imaginación!

Aprendí...

Escuché...

Lo mejor que comí...

Encontré...

Lo más extraño que vi fue...

La flota del rey Salomón

Cuando Salomón y los fenicios construyeron una flota de barcos en Ezión-geber en el mar Rojo, el rey envió sus barcos hacia el este hacia el océano Índico y hacia el oeste hacia el océano Atlántico y América del Norte a través del canal de Egipto. Este canal unía el río Nilo con el mar Rojo. Algunos historiadores creen que este canal tenía 100 millas de largo, 30-40 yardas de ancho, ¡y que tomaba al menos cuatro días navegarlo!

Durante el reinado de Salomón, las expediciones marítimas de los israelitas y los fenicios probablemente tuvieron éxito por una razón principal: bajo el liderazgo de Salomón, las grandes potencias mediterráneas formaron una sociedad. El rey David había derrotado a Asiria y otras fuerzas mesopotámicas en la batalla, dejando a los israelitas, fenicios y egipcios con un poder formidable y sin grandes enemigos a los que enfrentarse. Con este nuevo poder y la falta de enemigos, pudieron explorar nuevos territorios y expandir sus imperios por todo el mundo.

1. ¿A dónde envió Salomón sus naves?

2. ¿Qué tan grande era el canal de Egipto?

3. ¿Por qué los israelitas pudieron explorar el mundo?

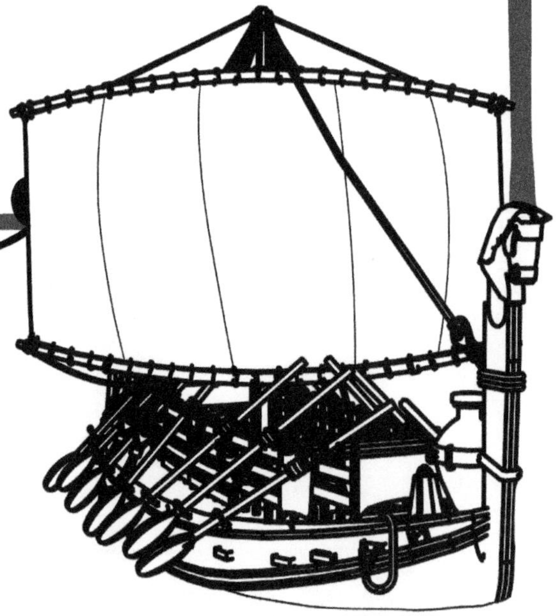

© BPA Publishing Ltd 2023

Los comerciantes del mundo

En la época de Salomón, los fenicios eran los navegantes y comerciantes más avanzados del mundo. Se asentaron en ciudades costeras como Tiro y Sidón y navegaron por el Mediterráneo, el Atlántico, el mar Rojo y el océano Índico para comerciar con otras naciones y culturas. El rey Hiram de Tiro incluso ayudó a Salomón a construir una flota de barcos en Ezión-geber. Usando Internet o una enciclopedia, investiga qué bienes exportaban los fenicios a otras naciones. Escríbelos en los recuadros de abajo.

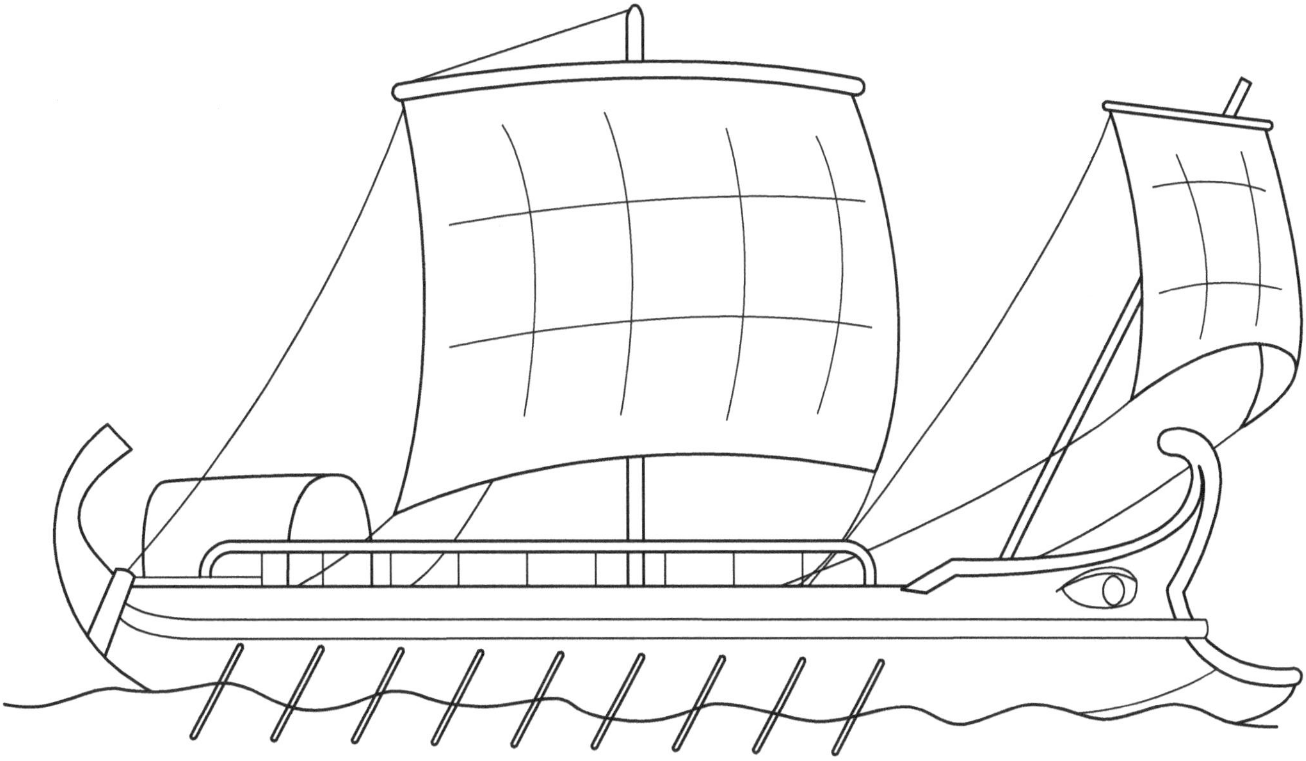

LECCIÓN 5 | Plan de la lección
La reina de Sabá

Docente: _______________________

El pasaje de la Biblia de hoy: 1 Reyes 10:1-13

Oración de bienvenida:
Rece una simple oración con los niños antes de empezar la lección.

Objetivos de la lección:
En esta lección, los niños aprenderán:
1. Por qué la reina de Sabá visitó a Salomón
2. Cómo reaccionó la reina a las riquezas y sabiduría de Salomón

¿Lo sabías?
Muchos estudiosos de la Biblia creen que la tierra de Sabá estaba ubicada en el actual Yemen.

Resumen de la lección de la Biblia:
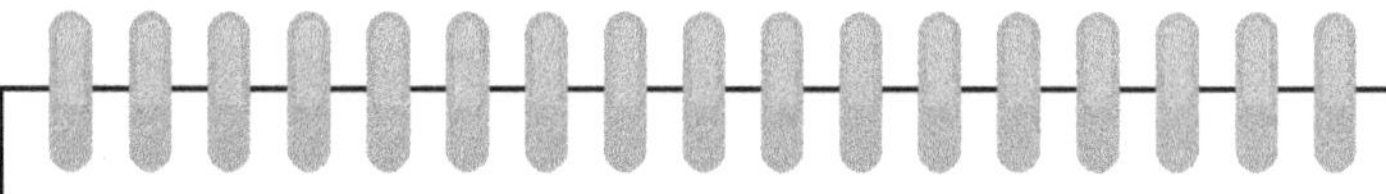

Lejos de Jerusalén vivía una reina que gobernaba la tierra de Sabá. Ella había escuchado todo sobre la sabiduría de Salomón, así que decidió visitar al rey. Cuando llegó a Jerusalén, vio el gran palacio de Salomón, sus grandes riquezas y su hermoso templo. Ella le hizo muchas preguntas difíciles. Pero no había ni una sola pregunta que él no pudiera responder. "Las historias que escuché en mi país sobre tus grandes obras y tu sabiduría son ciertas", dijo. "Yo no lo creía hasta que llegué y lo vi con mis propios ojos. Ahora veo que es aún más grande que lo que escuché. Tu riqueza y sabiduría son mucho mayores de lo que la gente me dijo. ¡Alabado sea el Señor tu Dios!". Ella le dio regalos de oro, especias y piedras preciosas. Y Salomón le dio a la reina todo lo que su corazón deseaba.

Repasemos:

Preguntas para hacer a sus estudiantes:

1. ¿Qué reino gobernaba la reina?
2. ¿Por qué la reina visitó al rey Salomón?
3. Cuando la reina llegó a Jerusalén, ¿qué vio?
4. ¿Qué le dio la reina al rey Salomón?
5. ¿Quién le dio a Salomón su sabiduría?

Un versículo de memoria para ayudar a los niños a recordar la Palabra de Dios:

"Porque Dios ha amado siempre a Israel, te ha puesto por rey, para que hagas derecho y justicia" (1 Reyes 10:9).

Actividades:

Cuestionario de la Biblia: La visita de la reina de Sabá

Sopa de letras de la Biblia: La reina de Sabá

Hoja de trabajo: ¿Dónde estaba Sabá?

Hoja de trabajo para colorear: La reina de Sabá

Página para colorear: La reina de Sabá

Hoja de trabajo: ¡Vamos!

Laberinto: La reina de Sabá visita a Salomón

Creador de mapas: ¡Soy un explorador!

Aprendamos hebreo: Salomón

Palabras desordenadas de la Biblia: Reina de Sabá

Hoja de trabajo: Si fuera rey o reina por un día

Oración final:

Termine la lección con una pequeña oración.

La visita de la
REINA DE SABÁ

Lee 1 Reyes 10-11.
Responde las siguientes preguntas.

1. ¿Por qué la reina de Sabá visitó a Salomón?

2. ¿Qué regalos trajo la reina con ella?

3. ¿Cómo describió la reina a los siervos de Salomón?

4. ¿Qué impresionó a la reina sobre Salomón?

5. ¿Qué dijo la reina de Sabá acerca de Dios en 1 Reyes 10:9?

6. ¿En qué ciudad estaba el templo?

7. ¿Quién fue la madre de Salomón?

8. ¿Qué hizo Salomón con la leña que le trajo Hiram?

9. ¿Qué regalos le dio Salomón a la reina?

10. Después de que la reina y sus sirvientes salieron de Jerusalén,
¿a dónde fueron?

© BPA Publishing Ltd 2023

La reina de SABÁ

Lee 1 Reyes 10.
Encuentra y encierra en un círculo las siguientes palabras.

T	N	R	P	R	E	G	U	N	T	A	S	R	Q	R
S	I	I	K	X	I	Y	S	T	M	U	Q	E	U	E
K	A	E	D	D	K	T	R	Z	Z	P	H	Y	I	I
D	S	B	R	R	H	A	M	J	W	G	W	S	W	N
V	X	Q	I	R	P	B	V	S	N	Q	I	A	O	A
Q	R	G	U	D	A	J	S	P	Q	I	T	L	R	D
Q	T	E	U	H	U	D	U	B	U	C	W	O	O	E
O	K	D	V	Z	D	R	E	S	J	K	C	M	M	S
E	B	N	Z	W	G	D	Í	I	T	E	T	Ó	V	A
B	P	A	C	O	V	V	F	A	S	I	K	N	K	B
G	J	E	H	O	V	Á	P	T	Q	R	C	E	O	Á
U	F	X	Z	U	X	F	E	K	E	E	A	I	V	E
R	O	T	J	E	R	U	S	A	L	É	N	E	A	N
E	S	P	E	C	I	A	S	A	F	M	Y	E	L	N
M	T	E	M	P	L	O	V	Y	T	R	O	N	O	L

JEHOVÁ

SABIDURÍA

ORO

TEMPLO

TRONO

JERUSALÉN

JUSTICIA

REINA DE SABÁ

TIERRA DE ISRAEL

REY SALOMÓN

ESPECIAS

PREGUNTAS

© BPA Publishing Ltd 2023

¿Dónde estaba Sabá?

El misterioso reino de Sabá se menciona muchas veces a lo largo de la Biblia y su ubicación exacta se ha discutido durante siglos. Mucha gente cree que Sabá estaba ubicado en el actual Yemen, mientras que otros creen que estaba en Etiopía. La Biblia menciona por primera vez a Sabá en Génesis 10:7, cuando se menciona como una de las naciones descendientes de Cam, hijo de Noé. Más tarde, en 1 Reyes 10, se dice que la reina de Sabá visitó Jerusalén para reunirse con el rey Salomón y darle regalos.

Aunque se desconoce la ubicación exacta de Sabá, hay pistas que sugieren que el reino estaba ubicado en el Yemen actual. La Biblia menciona que la reina de Sabá viajó a Jerusalén desde el "sur" y Yemen es el país más al sur de la región. Yemen es conocido por sus especias exóticas e incienso, que se encontraban entre los obsequios que la reina le dio al rey Salomón. A pesar del misterio que rodeaba su ubicación exacta, Sabá era un reino rico que tuvo un impacto significativo en el mundo antiguo.

1. ¿Dónde se menciona a Sabá en la Biblia?

2. ¿Qué regalos le dio la reina de Sabá al rey Salomón?

3. ¿Qué pistas sugieren que Sabá estaba ubicado en el Yemen actual?

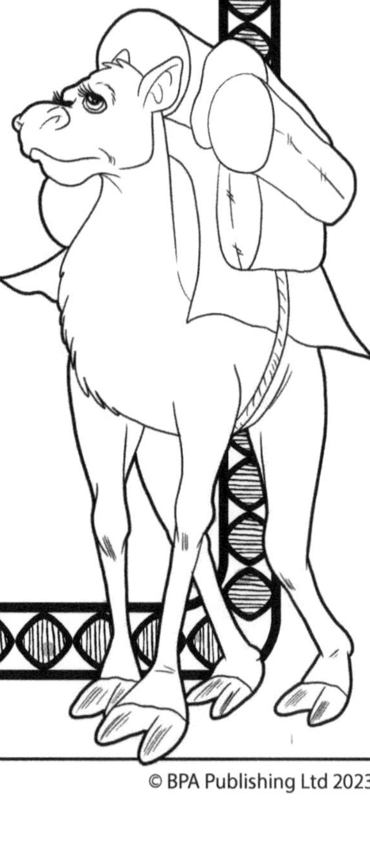

© BPA Publishing Ltd 2023

La reina de Sabá

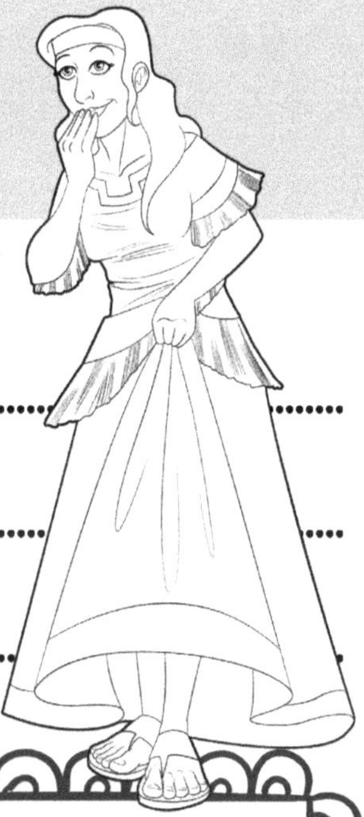

Lee 1 Reyes 10:11 y escribe el versículo de la Biblia a continuación.

....

....

....

1. ¿Por qué la reina de Sabá visitó a Salomón?

....

....

2. ¿Qué regalos trajo la reina con ella?

....

....

3. ¿Qué regalos le dio Salomón a la reina?

....

....

Dibuja tu escena favorita de esta historia.

¿Qué puede enseñarme la vida de la reina de Sabá?	La reina de Sabá le preguntó a Salomón…
....	....
....	....

"y vino a Jerusalén con un séquito muy grande, con camellos cargados de especias, y oro en gran abundancia, y piedras preciosas..."

(1 Reyes 10:2)

© BPA Publishing Ltd 2023

El viaje de la reina de Sabá

La reina de Sabá viajó a la tierra de Israel para ver al rey Salomón. Fue un viaje largo y difícil. ¿Qué crees que se llevó con ella? Piensa en la vida en el antiguo Medio Oriente y haz una lista de artículos. Dibuja cada artículo dentro de la mochila.

1. ....

2. ....

3. ....

4. ....

5. ....

6. ....

7. ....

8. ....

9. ....

10. ....

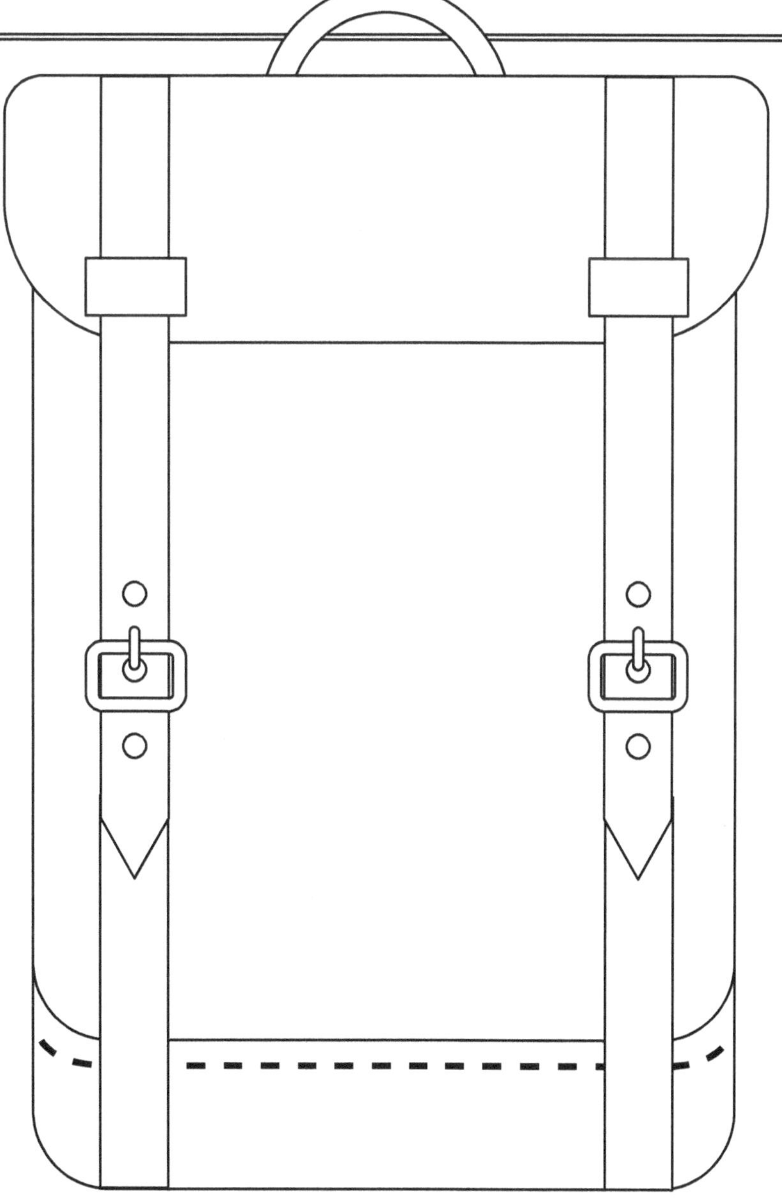

© BPA Publishing Ltd 2023

La reina de Sabá visita a Salomón

Ayuda a la reina de Sabá a encontrar su camino a la tierra de Israel.

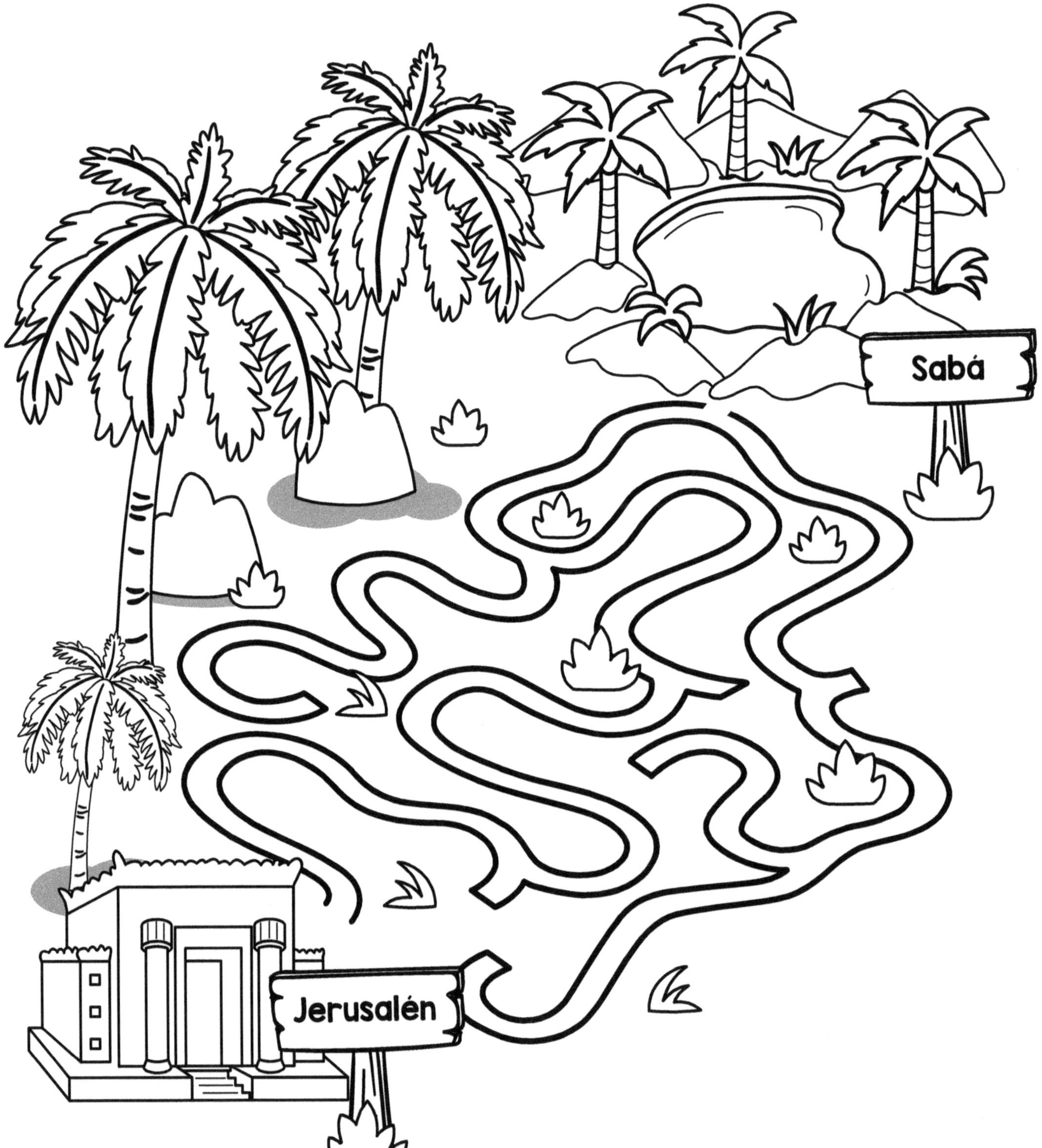

¡Soy un explorador!

Imagina que eres un explorador en el antiguo Medio Oriente. Practica tus habilidades para hacer mapas agregando direcciones a este mapa para que la reina de Sabá pueda encontrar su camino a Jerusalén. Recuerda incluir ríos, ciudades, montañas y desiertos.

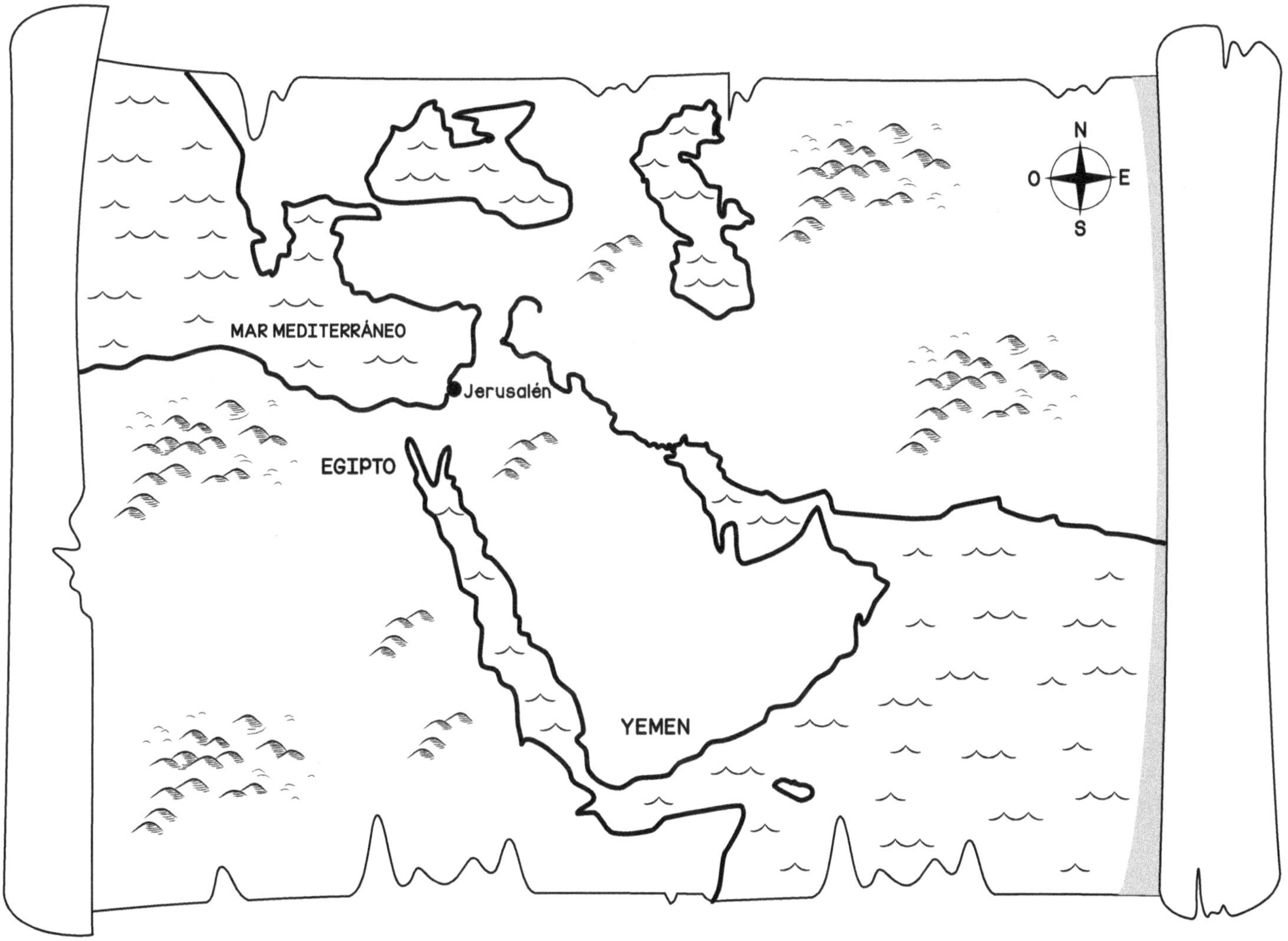

Shelomoh

El nombre hebreo de Salomón es Shelomoh. Cuando la reina de Sabá escuchó acerca de la sabiduría de Salomón, fue a Jerusalén para ponerlo a prueba con preguntas difíciles. Pero su sabiduría venía de Dios. No había ni una sola pregunta que no pudiera responder.

Shelomoh

שְׁלֹמֹה

Salomón

Traza el nombre hebreo aquí:

שלמה

שלמה

Escribe el nombre hebreo aquí:

© BPA Publishing Ltd 2023

¡Vamos a escribir!

Practica a escribir el nombre "'Shelomoh" en las líneas de abajo.

שלמה

שלמה

Inténtalo por tu cuenta.
Recuerda que el hebreo se lee de DERECHA a IZQUIERDA.

© BPA Publishing Ltd 2023

LA REINA DE SABÁ

La reina de Sabá visitó al rey Salomón.

Ordena las palabras para conocer sobre las personas, lugares y cosas mencionados en esta historia.

áSab	atolf ed rHmia
olmóaSn	rOif
uraJeésnl	lalmceos
lmteop	peidars cisasopre

✱ Lee sobre la visita de la reina de Sabá 1 Reyes 10:1-13 (RV1960).

Si fuera rey o reina por un día

¿Qué cambiarías? ¿Cómo servirías a tu gente? Escribe tus ideas en el pergamino de abajo.

© BPA Publishing Ltd 2023

© BPA Publishing Ltd 2023

Empareja el versículo de la Biblia

Lea 1 Reyes 2-3. Colorea y recorta cada personaje de la Biblia.
Relaciona el versículo de la Biblia con el personaje.

1.

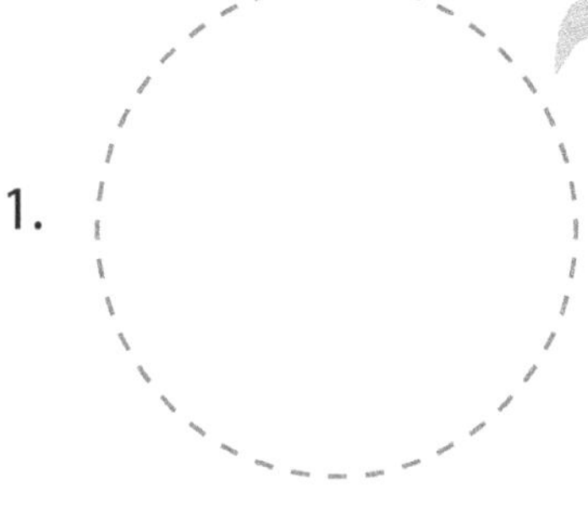

"…dad a esta el niño vivo, y no lo matéis".
- I Reyes 3:26

2.

"Da, pues, a tu siervo corazón entendido para juzgar a tu pueblo".
- I Reyes 3:9

3.

"Y si anduvieres en mis caminos, guardando mis estatutos y mis mandamientos… yo alargaré tus días". - I Reyes 3:14

4.

"Esfuérzate, y sé hombre".
- I Reyes 2:2

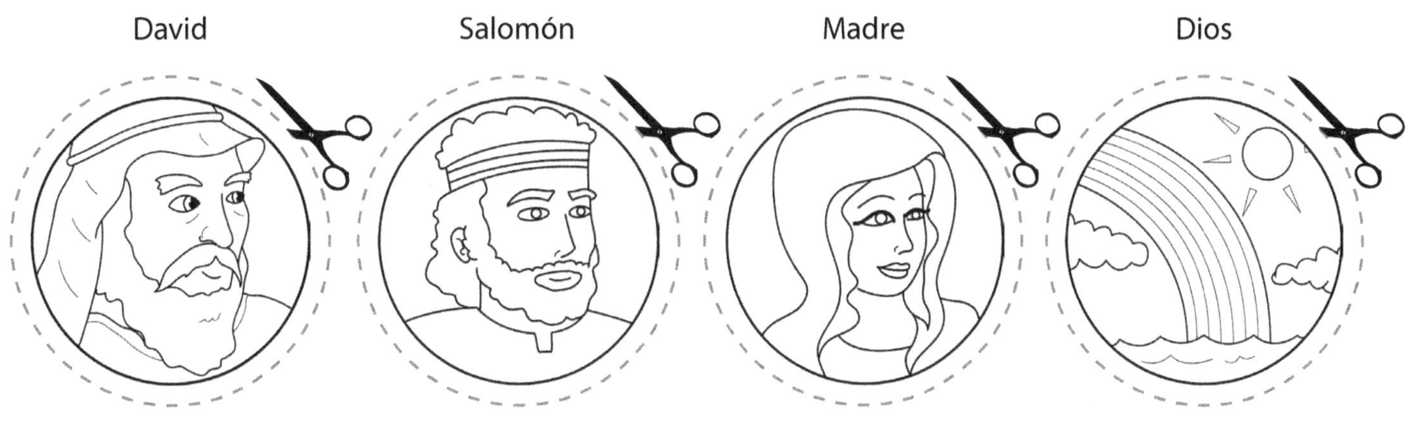

¿Dónde estaba Ofir?

Los marineros de Salomón trajeron oro de Ofir. ¿Dónde estaba Ofir?
Utiliza Internet para investigar su ubicación. Luego recorta y pega los
nombres de los continentes en el mapamundi. Encierra en un círculo a Ofir en tu mapa.

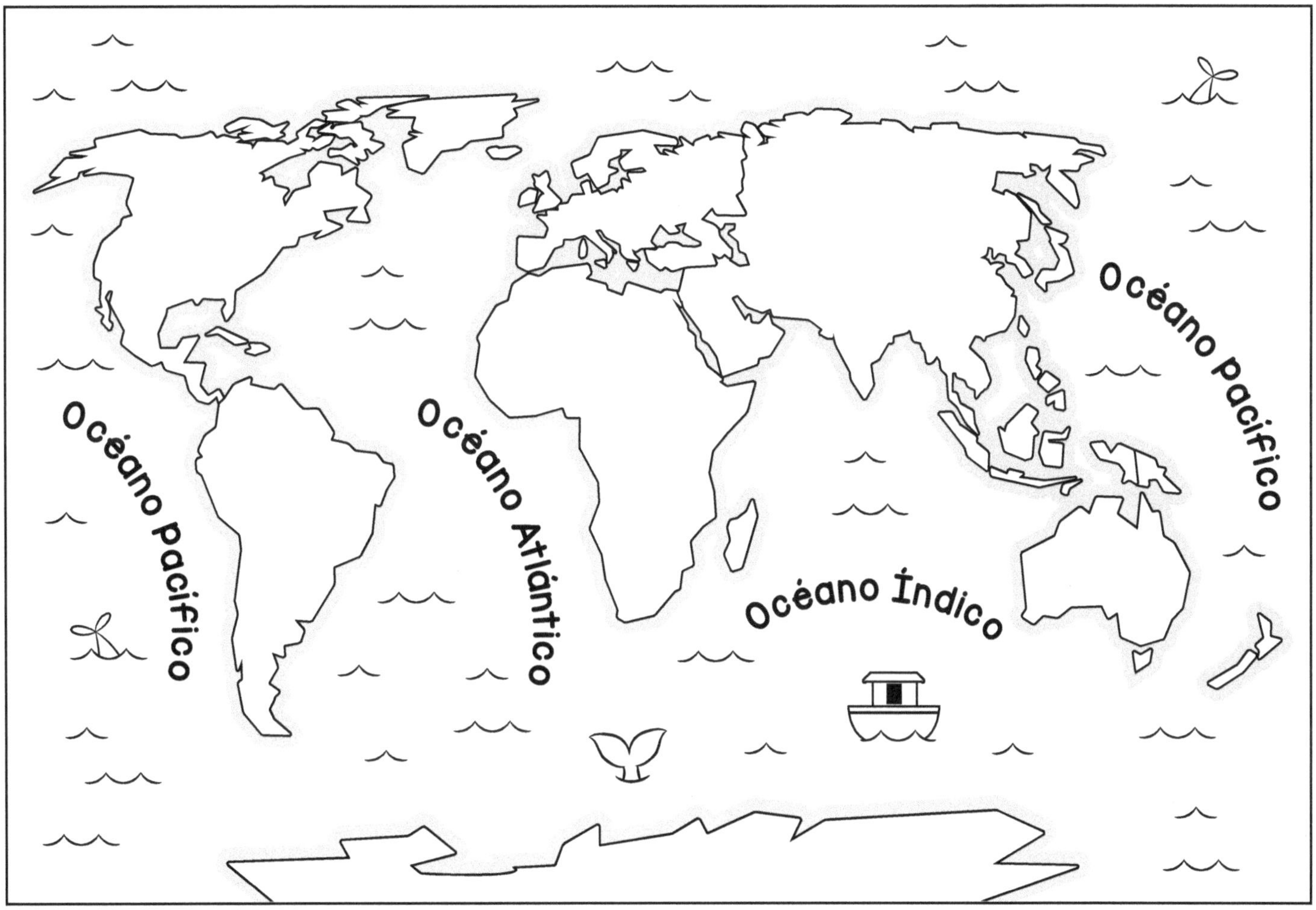

América del Norte	América del Sur	Antártida

Europa	África	Asia	Australia

Los hombres del rey Salomón

Los hombres del rey Salomón navegaron por todo el mundo y regresaron con muchos regalos para el rey (1 Reyes 9). Lee las palabras al final de la página.
Escribe la palabra al lado de la imagen correcta.

mono

oro

pavo real

barco

marinero

© BPA Publishing Ltd 2023

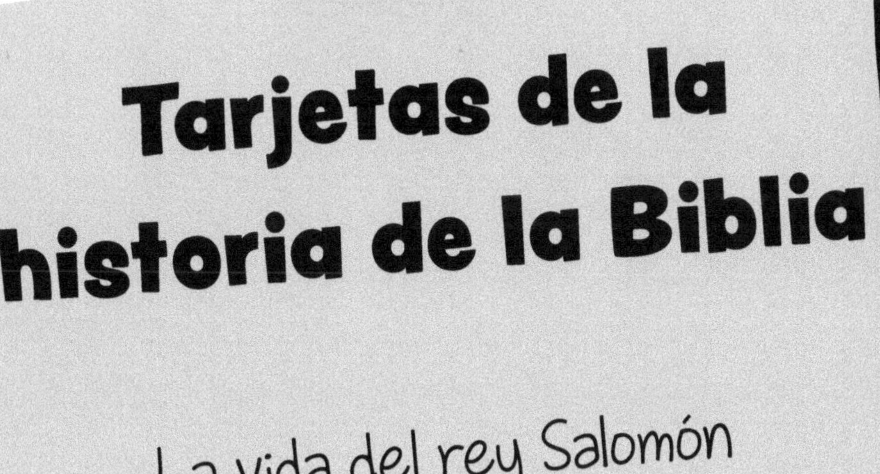

© BPA Publishing Ltd 2023

Salomón es ungido rey

Y descendieron el sacerdote Sadoc, el profeta Natán, Benaía hijo de Joiada, y los cereteos y los peleteos, y montaron a Salomón en la mula del rey David, y lo llevaron a Gihón. Y tomando el sacerdote Sadoc el cuerno del aceite del tabernáculo, ungió a Salomón; y tocaron trompeta, y dijo todo el pueblo: ¡Viva el rey Salomón! Después subió todo el pueblo en pos de él, y cantaba la gente con flautas, y hacían grandes alegrías, que parecía que la tierra se hundía con el clamor de ellos.

1 Reyes 1:38-40

 1 Reyes 1:1-53

Salomón construye un templo

Comenzó Salomón a edificar la casa de Yahweh en Jerusalén, en el monte Moriah, que había sido mostrado a David su padre, en el lugar que David había preparado en la era de Ornán jebuseo. Y comenzó a edificar en el mes segundo, a los dos días del mes, en el cuarto año de su reinado. Estas son las medidas que dio Salomón a los cimientos de la casa de Dios. La primera, la longitud, de sesenta codos, y la anchura de veinte codos. El pórtico que estaba al frente del edificio era de veinte codos de largo, igual al ancho de la casa, y su altura de ciento veinte codos; y lo cubrió por dentro de oro puro.

2 Crónicas 3:1-4

 2 Crónicas 2:1-4:22

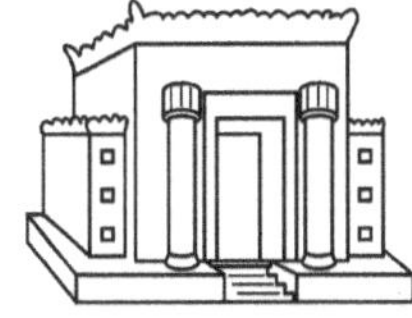

Salomón dedica el templo

Entonces el rey y todo el pueblo sacrificaron víctimas delante de Yahweh. Y ofreció el rey Salomón en sacrificio veintidós mil bueyes, y ciento veinte mil ovejas; y así dedicaron la casa de Dios el rey y todo el pueblo. Y los sacerdotes desempeñaban su ministerio; también los levitas, con los instrumentos de música de Dios, los cuales había hecho el rey David para alabar a Yahweh porque su misericordia es para siempre, cuando David alababa por medio de ellos. Asimismo los sacerdotes tocaban trompetas delante de ellos, y todo Israel estaba en pie.

2 Crónicas 7:4-6

 2 Crónicas 7:1-22

Libro de los proverbios

Y compuso tres mil proverbios, y sus cantares fueron mil cinco. También disertó sobre los árboles, desde el cedro del Líbano hasta el hisopo que nace en la pared. Asimismo disertó sobre los animales, sobre las aves, sobre los reptiles y sobre los peces. Y para oír la sabiduría de Salomón venían de todos los pueblos y de todos los reyes de la tierra, adonde había llegado la fama de su sabiduría.

1 Reyes 4:32-34

 1 Reyes 4:29-34

El sabio rey Salomón

Entonces la mujer de quien era el hijo vivo, habló al rey (porque sus entrañas se le conmovieron por su hijo), y dijo: ¡Ah, señor mío! dad a esta el niño vivo, y no lo matéis. Mas la otra dijo: Ni a mí ni a ti; partidlo. Entonces el rey respondió y dijo: Dad a aquella el hijo vivo, y no lo matéis; ella es su madre. Y todo Israel oyó aquel juicio que había dado el rey; y temieron al rey, porque vieron que había en él sabiduría de Dios para juzgar.

1 Reyes 3:26-28

 1 Reyes 3:16-28

La riqueza de Salomón

El peso del oro que venía a Salomón cada año, era seiscientos sesenta y seis talentos de oro, sin lo que traían los mercaderes y negociantes; también todos los reyes de Arabia y los gobernadores de la tierra traían oro y plata a Salomón. Hizo también el rey Salomón doscientos paveses de oro batido, cada uno de los cuales tenía seiscientos siclos de oro labrado; asimismo trescientos escudos de oro batido, teniendo cada escudo trescientos siclos de oro; y los puso el rey en la casa del bosque del Líbano. Hizo además el rey un gran trono de marfil, y lo cubrió de oro puro. El trono tenía seis gradas, y un estrado de oro fijado al trono, y brazos a uno y otro lado del asiento, y dos leones que estaban junto a los brazos. Había también allí doce leones sobre las seis gradas, a uno y otro lado.

2 Crónicas 9:13-19

 2 Crónicas 9:13-28

La hija del faraón

Salomón hizo parentesco con faraón rey de Egipto, pues tomó la hija de faraón, y la trajo a la ciudad de David, entre tanto que acababa de edificar su casa, y la casa de Yahweh, y los muros de Jerusalén alrededor.

1 Reyes 3:1

 1 Reyes 3

La reina de Sabá

Oyendo la reina de Sabá la fama que Salomón había alcanzado por el nombre de Dios, vino a probarle con preguntas difíciles. Y vino a Jerusalén con un séquito muy grande, con camellos cargados de especias, y oro en gran abundancia, y piedras preciosas; y cuando vino a Salomón, le expuso todo lo que en su corazón tenía. Y Salomón le contestó todas sus preguntas, y nada hubo que el rey no le contestase.

1 Reyes 10:1-3

 1 Reyes 10:1-13

© BPA Publishing Ltd 2023

Salomón, el explorador

Hizo también el rey Salomón naves en Ezión-geber, que está junto a Elot en la ribera del mar Rojo, en la tierra de Edom. Y envió Hiram en ellas a sus siervos, marineros y diestros en el mar, con los siervos de Salomón, los cuales fueron a Ofir y tomaron de allí oro, cuatrocientos veinte talentos, y lo trajeron al rey Salomón.

1 Reyes 9:26-28

 1 Reyes 9:1-28

Salomón, el comerciante

Y juntó Salomón carros y gente de a caballo; y tenía mil cuatrocientos carros, y doce mil jinetes, los cuales puso en las ciudades de los carros, y con el rey en Jerusalén. E hizo el rey que en Jerusalén la plata llegara a ser como piedras, y los cedros como cabrahígos de la Sefela en abundancia. Y traían de Egipto caballos y lienzos a Salomón; porque la compañía de los mercaderes del rey compraba caballos y lienzos. Y venía y salía de Egipto, el carro por seiscientas piezas de plata, y el caballo por ciento cincuenta.

1 Reyes 10:26-29

 1 Reyes 10:1-29

El juicio de Salomón

Y se enojó Dios contra Salomón, por cuanto su corazón se había apartado del Dios de Israel, que se le había aparecido dos veces, y le había mandado acerca de esto, que no siguiese a dioses ajenos; mas él no guardó lo que le mandó Dios. Y dijo Dios a Salomón: Por cuanto ha habido esto en ti, y no has guardado mi pacto y mis estatutos que yo te mandé, romperé de ti el reino, y lo entregaré a tu siervo. Sin embargo, no lo haré en tus días, por amor a David tu padre; lo romperé de la mano de tu hijo.

1 Reyes 11:9-12

 1 Reyes 11:1-40

La muerte de Salomón

Los días que Salomón reinó en Jerusalén sobre todo Israel fueron cuarenta años. Y durmió Salomón con sus padres, y fue sepultado en la ciudad de su padre David; y reinó en su lugar Roboam su hijo.

1 Reyes 11:42-43

 1 Reyes 11:1-43

© BPA Publishing Ltd 2023

Guía de respuestas

Lección 1: Salomón se convierte en rey
Repasemos, respuestas:
1. El rey David y Betsabé
2. Salomón
3. Poner a Salomón sobre un asno, llevarlo a Gihón y hacerlo rey de los israelitas
4. El sumo sacerdote derramó aceite de oliva sobre la cabeza de Salomón
5. Permita que los estudiantes lean el pasaje bíblico y respondan esta pregunta

Sopa de letras de la Biblia: Salomón es ungido rey

Cuestionario de la Biblia: Salomón se convierte en rey
1. Adonías
2. Joab y Abiatar
3. Betsabé
4. Natán, el profeta
5. Sadoc el sacerdote, Natán el profeta y Benaía hijo de Joiada
6. Sadoc el sacerdote, Natán el profeta, Benaía hijo de Joiada, los cereteos y los peleteos
7. Una mula
8. Sadoc, el sacerdote
9. Shofar (trompeta)
10. Colgaba de los cuernos del altar

Hoja de trabajo: Sadoc, el sumo sacerdote
1. El sumo sacerdote era responsable de organizar los sacrificios de los israelitas, así como de asegurarse de que los sacerdotes siguieran las reglas y normas de la Torá.
2. Sadoc fue designado por el rey Salomón para supervisar la construcción del templo y sus rituales. También fue responsable de organizar a los sacerdotes levitas para el servicio en el templo y de dirigir el coro levita que cantaba durante los sacrificios y las fiestas del templo

¿Cuál es la palabra? Sadoc unge a Salomón
Y el rey David dijo: 'Llamadme al sacerdote Sadoc, al profeta Natán, y a Benaía hijo de Joiada'. Y ellos entraron a la presencia del rey. Y el rey les dijo: 'Tomad con vosotros los siervos de vuestro señor, y montad a Salomón mi hijo en mi mula, y llevadlo a Gihón; y allí lo ungirán el sacerdote Sadoc y el profeta Natán como rey sobre Israel, y tocaréis trompeta, diciendo: ¡Viva el rey Salomón! Después iréis vosotros detrás de él, y vendrá y se sentará en mi trono, y él reinará por mí; porque a él he escogido para que sea príncipe sobre Israel y sobre Judá'. Entonces Benaía hijo de Joiada respondió al rey y dijo: 'Amén. Así lo diga Yahweh, Dios de mi señor el rey. De la manera que Yahweh ha estado con mi señor el rey, así esté con Salomón, y haga mayor su trono que el trono de mi señor el rey David'. Y descendieron el sacerdote Sadoc, el profeta Natán, Benaía hijo de Joiada, y los cereteos y los peleteos, y montaron a Salomón en la mula del rey David, y lo llevaron a Gihón. Y tomando el sacerdote Sadoc el cuerno del aceite del tabernáculo, ungió a Salomón; y tocaron trompeta, y dijo todo el pueblo: '¡Viva el rey Salomón!'.

Hoja de trabajo: El árbol de olivo
1. El sacerdote derramaba un cuerno de aceite de oliva puro sobre la cabeza del rey elegido
2. Se creía que el aceite era un símbolo del espíritu santo que descendía sobre el rey elegido, confirmando así la elección de Dios
3. Rey David

Pregunta y colorea: Rey de Israel
1. Mató muchos animales, reunió a los hijos del rey, a los capitanes del ejército y al sacerdote Abiatar, y celebró un banquete
2. Llevad a Salomón a Gihón. Allí lo ungirán como rey sobre Israel, y tocaréis trompeta, diciendo: ¡Viva el rey Salomón!
3. Sadoc, el sacerdote

Hoja de trabajo: ¿Quién fue Adonías?
1. Adonías era el cuarto hijo del rey David
2. El profeta Natán y Betsabé convencieron al rey David de hacer a Salomón rey de Israel
3. Adonías huyó al altar del Tabernáculo en la Ciudad de David, buscando refugio
4. Pida a los niños que respondan esta pregunta. Las respuestas pueden variar

Lección 2: El sabio rey Salomón
Repasemos, respuestas:
1. Salomón oró por sabiduría. Dios le dio un corazón sabio y comprensivo, y larga vida si Salomón obedecía Sus mandamientos
2. Pida a los niños que respondan esta pregunta
3. Ambas madres querían quedarse con el bebé vivo
4. Salomón quería descubrir a la verdadera madre del bebé vivo
5. Los israelitas respetaban a Salomón

Cuestionario de la Biblia: La sabiduría de Salomón
1. Dios
2. Dos mujeres (prostitutas)
3. Juntas en una casa
4. El hijo de una de las mujeres murió
5. Una de las mujeres mujer se levantó a medianoche, tomó al niño vivo del lado de la otra mujer y puso al niño muerto sobre esta mujer
6. Una espada
7. "Partid por medio al niño vivo, y dad la mitad a la una, y la otra mitad a la otra"
8. "¡Ah, señor mío! dad a esta el niño vivo, y no lo matéis"
9. "Ni a mí ni a ti; partidlo"
10. Los israelitas respetaron al rey. Vieron que tenía la sabiduría de Dios para tomar las decisiones correctas

Crucigrama de la Biblia: Salomón pide sabiduría

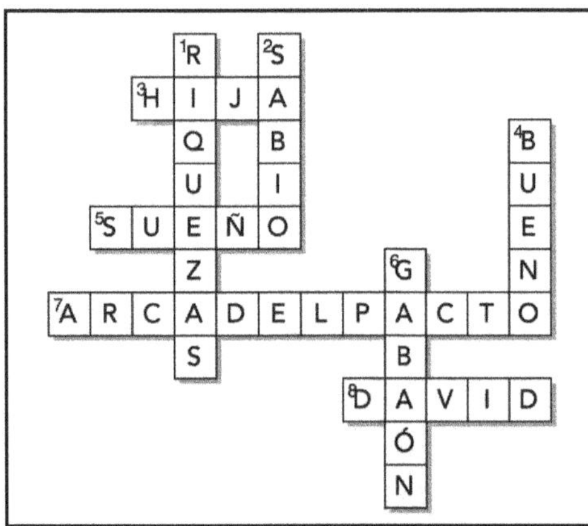

Pregunta y colorea: La sabiduría del rey Salomón
1. Una madre dijo que su hijo estaba vivo y el otro estaba muerto. La otra madre también afirmó que su propio hijo estaba vivo y que el otro estaba muerto
2. Cortar al bebé en dos partes y darle la mitad a cada madre
3. El rey le dio el bebé vivo a la verdadera madre

Escritura creativa: La sentencia sabia de Salomón
1. Salomón sugirió que el bebé vivo se cortara por la mitad y que cada mujer recibiera una porción

2. La mujer que era verdaderamente la madre del bebé vivo dijo que estaba dispuesta a entregar a su hijo antes que verlo cortado por la mitad
3. Salomón se dio cuenta de que la madre que estaba dispuesta a renunciar a su bebé era la verdadera madre, y la declaró madre legítima

Empareja el versículo de la Biblia
1= Madre del niño vivo, 2 = Rey Salomón, 3 = Dios, 4 = Rey David

Actividad del mapa: Doce tribus de Israel
1 = Simeón
2 = Judá
3 = Rubén
4 = Gad
5 = Dan
6 = Aser
7 = Isacar
8 = Zabulón
9 = Neftalí
10 = Manasés
11 = Efraín
12 = Benjamín

Palabras desordenadas de la Biblia: Salomón
rey, niño, medianoche, Israel, espada, siervo, juicio, sabiduría

Hoja de trabajo: Empareja los proverbios de la Biblia
1. Proverbios 22:6: "Instruye al niño en su camino, y aun cuando fuere viejo no se apartará de él".
2. Proverbios 1:7: "El principio de la sabiduría es el temor de Jehová; los insensatos desprecian la sabiduría y la enseñanza".
3. Proverbios 31:10: "Mujer virtuosa, ¿quién la hallará? Porque su estima sobrepasa largamente a la de las piedras preciosas".
4. Proverbios 4:23: "Sobre toda cosa guardada, guarda tu corazón; porque de él mana la vida".
5. Proverbios 9:10: "El temor de Dios es el principio de la sabiduría, y el conocimiento del Santísimo es la inteligencia".
6. Proverbios 16:3: "Encomienda a Dios tus obras, y tus pensamientos serán afirmados".

Hoja de trabajo: La ciudad de Jerusalén
1. Salomón construyó el primer complejo de templos en Jerusalén para representar su fe
2. La principal ruta comercial que atravesaba Jerusalén durante la época del rey Salomón era la ruta comercial que conectaba las rutas de las especias y la seda del Este y el oro y el marfil del continente africano
3. Pida a los niños que respondan esta pregunta. Las respuestas pueden variar

Lección 3: Salomón construye un templo

Repasemos, respuestas:

1. Joyas, oro y plata
2. El arca de la alianza
3. Siete años
4. Fiesta de los Tabernáculos (Sukkot)
5. Fuego del cielo descendió al altar y quemó los sacrificios

Cuestionario de la Biblia: Salomón construye un templo

1. Madera de cedro y ciprés
2. 30.000 hombres
3. Monte Moriah en Jerusalén
4. Jaquín y Boaz
5. Sesenta codos de largo, veinte codos de ancho y treinta codos de alto
6. Tablas de cedro
7. Oro
8. Siete años
9. Dentro del Lugar Santísimo
10. 22.000 cabezas de ganado y 120.000 ovejas

Sopa de letras de la Biblia: El constructor del templo

Hoja de trabajo: Cedros del Líbano

1. El rey Salomón encontró los árboles de cedro en el Líbano
2. La madera de cedro se usó para construir las paredes del templo y los muebles y decoraciones dentro del templo
3. En 1998, los cedros del Líbano fueron declarados Patrimonio de la Humanidad por la ONU para protegerlos para las generaciones futuras

Hoja de trabajo: Salomón construye un templo

1. El rey Hiram proporcionó madera para el templo, y el rey Salomón le dio aceite de oliva puro y trigo
2. Los fenicios ataron los troncos y los hicieron flotar por la costa hasta la tierra de Israel
3. Oro, plata, bronce, piedra y madera

Acertijo de la Biblia: Descifra el código

"Dio, pues, Hiram a Salomón madera de cedro y madera de ciprés, toda la que quiso." (1 Reyes 5:10 RV1960)

Hoja de trabajo: Templo en Jerusalén

1. El propósito del templo era albergar el arca de la alianza y la presencia de Dios
2. Las tres partes del templo eran el patio, el lugar santo y el Lugar Santísimo
3. El patio contenía el altar para el sacrificio y cuatro columnas a su alrededor
4. Solo el sumo sacerdote podía entrar en el Lugar Santísimo

Hoja de trabajo: Construyendo el templo de Salomón

1. Tomó siete años construir el templo de Salomón
2. Se usaron madera de cedro y piedra en la construcción del templo de Salomón
3. La Fiesta de los Tabernáculos (Sukkot) (2 Crónicas 7)
4. 80.000 trabajadores (2 Crónicas 2:2)
5. En la construcción del templo se usaron martillos, hachas, sierras y otras herramientas
6. El rey Hiram de Tiro
7. El templo estaba decorado con tallas y recubierto de oro y bronce
8. El arca de la alianza fue colocada en el Lugar Santísimo

Hoja de trabajo: ¿Cuál es la palabra?

Entonces el rey y todo el pueblo sacrificaron víctimas delante de Dios. Y ofreció el rey Salomón en sacrificio veintidós mil bueyes, y ciento veinte mil ovejas; y así dedicaron la casa de Dios el rey y todo el pueblo. Y los sacerdotes desempeñaban su ministerio; también los levitas, con los instrumentos de música de Dios, los cuales había hecho el rey David para alabar a Dios porque su misericordia es para siempre, cuando David alababa por medio de ellos. Asimismo los sacerdotes tocaban trompetas delante de ellos, y todo Israel estaba en pie. También Salomón consagró la parte central del atrio que estaba delante de la casa de Dios, por cuanto había ofrecido allí los holocaustos, y la grosura de las ofrendas de paz; porque en el altar de bronce que Salomón había hecho no podían caber los holocaustos, las ofrendas y las grosuras. Entonces hizo Salomón fiesta siete días, y con él todo Israel, una gran congregación, desde la entrada de Hamat hasta el arroyo de Egipto. Al octavo día hicieron solemne asamblea, porque habían hecho la dedicación del altar en siete días, y habían celebrado la fiesta solemne por siete días. Y a los veintitrés días del mes séptimo envió al pueblo a sus hogares, alegres y gozosos de corazón por los beneficios que Dios había hecho a David y a Salomón, y a su pueblo Israel.

Lección 4: Salomón, el explorador
Repasemos, respuestas:
1. Desde el río Éufrates en el norte hasta Egipto en el sur
2. El rey Hiram, el rey de Fenicia
3. Ezión-geber, que está cerca de Elot en la orilla del mar Rojo
4. Los marineros fenicios y los hombres del rey Salomón
5. Oro, plata, marfil, monos y pavos reales

Cuestionario de la Biblia: Los barcos del rey
1. Rey Hiram
2. Ezión-geber
3. Marineros
4. Una vez cada tres años
5. Oro, plata, marfil, monos y pavos reales
6. 420 talentos de oro
7. Oro
8. Dios

Hoja de trabajo: ¿Quién fue el rey Hiram?
1. La contribución del rey Hiram al templo de Jerusalén fue significativa porque le permitió a Salomón construir un templo de acuerdo con las instrucciones de Dios. Los carpinteros y albañiles de Hiram crearon hermosos e intrincados muros de piedra para el templo
2. El acuerdo entre Salomón e Hiram fue un intercambio mutuo de bienes y servicios. Salomón pidió madera de Tiro para la construcción del templo. A cambio, le prometió a Hiram comida, aceite y madera. Hiram envió a muchos artesanos hábiles a Jerusalén para ayudar en la construcción del templo
3. La asociación entre Hiram y Salomón benefició a ambas naciones de varias maneras. Para los fenicios, les permitió acceder a mercados extranjeros y hacer crecer sus redes de comercio internacional. Para Salomón, le permitió construir el templo y expandir su reino

Hoja de trabajo: ¿Quiénes fueron los fenicios?
1. Los barcos fenicios pesaban hasta 6.500 toneladas y podían transportar hasta 600 pasajeros con carga
2. Los historiadores señalan el descubrimiento de escritura paleohebrea (incluidos los diez mandamientos), antiguas minas de cobre, antiguos santuarios religiosos y evidencia de la cultura hebrea entre los indios norteamericanos como prueba de la influencia temprana de los fenicios. Por ejemplo, en la isla de Monhegan, a diez millas de la costa de Maine, una inscripción escrita en celta ogam dice "Plataformas de carga para barcos de Fenicia". A partir de estas y otras inscripciones, así como de datos históricos sobre la capacidad de navegación de los fenicios, estos historiadores concluyen que hubo una ruta comercial muy desarrollada entre América y el Mediterráneo años antes del nacimiento de Cristo

Pregunta y colorea: Los barcos del rey
1. Ezión-geber
2. Marineros / navegantes
3. 420 talentos de oro

Hoja de trabajo: La flota del rey Salomón
1. Salomón envió su flota hacia el este hacia el océano Índico y hacia el oeste hacia el océano Atlántico y América del Norte a través del canal de Egipto hasta el mar Mediterráneo
2. El canal tenía 100 millas de largo y 30-40 yardas de ancho
3. Bajo Salomón, las principales potencias mediterráneas se aliaron y su enemigo natural (Asiria) había sido "eliminado" por el rey David en su batalla contra Asiria y las potencias mesopotámicas. Con gran poder y sin enemigos reales que los desafiaran, los israelitas, fenicios y egipcios dedicaron sus recursos a la exploración mundial y la construcción de imperios

Hoja de trabajo: Los comerciantes del mundo
Los bienes incluían: tela púrpura, ungüentos perfumados, trabajos en metal, textiles, pescado seco, vino, sal, artículos de vidrio y madera

Lección 5: La reina de Sabá
Repasemos, respuestas:
1. Sabá
2. Para probar su sabiduría con preguntas difíciles
3. La reina vio el palacio de Salomón, sus riquezas y su templo
4. Especias, oro y piedras preciosas
5. Dios le dio sabiduría a Salomón

Cuestionario de la Biblia: La visita de la reina de Sabá
1. Para probar a Salomón con preguntas difíciles
2. Camellos que llevan especias aromáticas, oro y piedras preciosas
3. Felices
4. El palacio de Salomón, los siervos, el alimento, su sabiduría y las ofrendas del templo
5. Adonai tu Dios sea bendito
6. Jerusalén
7. Betsabé
8. Hizo columnas para el templo y el palacio, e instrumentos musicales
9. Todo lo que ella deseaba
10. Regresaron a casa

Sopa de letras de la Biblia: La reina de Sabá

Hoja de trabajo: ¿Dónde estaba Sabá?

1. Sabá se menciona varias veces a lo largo de la Biblia, primero en Génesis 10:7 y luego nuevamente en 1 Reyes 10
2. La reina de Sabá le trajo al rey Salomón especias exóticas, incienso, oro y piedras preciosas
3. La Biblia menciona que la reina de Sabá viajó a Jerusalén desde el "sur", y Yemen es el país más al sur de la región. Yemen es conocido por sus especias exóticas e incienso, que se encontraban entre los obsequios que la reina le llevó al rey Salomón

Hoja de trabajo para colorear: La reina de Sabá

1. Para probar a Salomón con preguntas difíciles
2. Camellos que llevaban especias aromáticas, oro y piedras preciosas
3. Salomón le dio a la reina todo lo que su corazón deseaba

Palabras desordenadas de la Biblia: La reina de Sabá

Sabá, Salomón, Jerusalén, templo, flota de Hiram, Ofir, camellos, piedras preciosas

¡Descubra más Libros de Actividades!

Disponibles para comprar en www.biblepathwayadventures.com

¡DESCARGA INSTANTÁNEA!

Libro de actividades de cuestionarios de la Biblia
12 tribus de Israel - Tarjetas para memoria y emparejar
Libro de actividades de las Fiestas de la Primavera
Libro de actividades de las Fiestas de Otoño
Libro de actividades de las historias favoritas de la Biblia
Bereshit | Génesis - Libro de actividades con porciones de la Torá
Aprendiendo Hebreo: El Alfabeto
Libro de actividades de la porción semanal de la Torá

www.ingramcontent.com/pod-product-compliance
Lightning Source LLC
Chambersburg PA
CBHW042049030726
47599CB00019B/2419